本书由中央高校基本科研业务费专项资金资助出版（项

从阅读写作到 AI 赋能
——社会科学研究的每一步

杨 洋 王不一 著

知识产权出版社
全国百佳图书出版单位
—北京—

图书在版编目（CIP）数据

从阅读写作到 AI 赋能：社会科学研究的每一步 / 杨洋，王不一著 . —北京：知识产权出版社，2025.6. — ISBN 978-7-5130-9983-7

Ⅰ . C3-39

中国国家版本馆 CIP 数据核字第 2025VC7994 号

内容提要

本书系统梳理了社会科学研究的全过程，从研究问题的提出、文献综述的撰写，到研究方法的选择与实施、研究结果的呈现与讨论，并结合毕业论文写作的具体实践进行了双线呈现。同时，本书也介绍了生成式人工智能在科学研究与论文写作中的有效应用，提供了具体方法与案例。

作为一本为本科生、研究生及初入科研领域的青年学者提供实用的、可参考、可上手的研究指南，本书能够帮助读者理解和应用研究与写作技巧，并提升研究能力与学术素养。

责任编辑：刘晓庆　　　　　　　　　　　责任印制：孙婷婷

从阅读写作到 AI 赋能——社会科学研究的每一步
CONG YUEDU XIEZUO DAO AI FUNENG——SHEHUI KEXUE YANJIU DE MEIYIBU

杨　洋　王不一　著

出版发行：	知识产权出版社 有限责任公司	网　址：	http://www.ipph.cn
电　话：	010-82004826		http://www.laichushu.com
社　址：	北京市海淀区气象路 50 号院	邮　编：	100081
责编电话：	010-82000860 转 8073	责编邮箱：	laichushu@cnipr.com
发行电话：	010-82000860 转 8101	发行传真：	010-82000893
印　刷：	北京中献拓方科技发展有限公司	经　销：	新华书店、各大网上书店及相关专业书店
开　本：	720mm×1000mm　1/16	印　张：	10.5
版　次：	2025 年 6 月第 1 版	印　次：	2025 年 6 月第 1 次印刷
字　数：	135 千字	定　价：	88.00 元

ISBN 978-7-5130-9983-7

出版权专有　侵权必究
如有印装质量问题，本社负责调换。

前　言

对于本科生和研究生来说，如何计划和进行高质量的研究并写出满意的论文是一个普遍的挑战。同博士教育不同，本科生和硕士研究生通常只接受有限的研究方法训练。因此，本科生和硕士研究生会在研究和写作上花费大量时间，整个过程充满艰辛且效率低下。更重要的是，结果（论文）仍令人不满意。对于导师来说，研究指导过程同样具有挑战性。许多导师发现，本科生和硕士研究生在进行研究和撰写论文时准备不足，他们的指导和建议往往没有得到很好地理解或被采取行动。最重要的是，很多导师通常不会将指导本科生和研究生论文作为他们的优先事项。改善对本科生和研究生的研究指导和论文写作是社会科学和教育研究的一项紧迫任务。

两位作者的《从阅读写作到 AI 赋能——社会科学研究的每一步》是针对上述需求的及时贡献。与为数不多的中文翻译和中国学者撰写的关于如何进行研究与撰写论文的书籍不同，本书是关于如何规划、研究及撰写论文的实用指南。基于多年来对 40 多名本科和研究生研究指导的个人经历，两位作者提供了一步一步的研究指导，并用真实的例子来说明策划、实施和写作的整个过程。本书打开了通常被认为神秘的、难以触及的论文研究和写作的黑匣子。第七章"生成式人工智能辅助科学研究与论文写作"给我留下的印象尤为深刻。

该章用具体样例展示了生成式人工智能如何协助整个研究过程和论文写作。这本书是前沿的、创新的，并且充满了智慧。本科生、研究生和导师都会发现这本书非常有益！

祝贺两位作者写了一本及时而有见地的专著，该书是对社会科学和教育科学研究的重大贡献！

柳秀峰博士
纽约州立大学布法罗分校特聘教授
澳门大学讲座教授

目 录

引　言　为什么要写这样一本书　// 1

第一章　科学研究是什么　// 7

第二章　研究问题与为什么要研究这个问题　// 13
　　第一节　科学研究实践篇　// 13
　　第二节　毕业论文写作篇　// 21

第三章　文献综述及如何阅读和总结研究文献　// 31
　　第一节　科学研究实践篇　// 33
　　第二节　毕业论文写作篇　// 57

第四章　研究方法及计划与实施研究　// 71
　　第一节　科学研究实践篇　// 72
　　第二节　毕业论文写作篇　// 84

第五章　研究结果和研究发现了什么　// 97
　　第一节　科学研究实践篇　// 98
　　第二节　毕业论文写作篇　// 104

第六章 讨论研究结果和研究结果意味着什么 // 109

第一节 科学研究实践篇 // 110

第二节 毕业论文写作篇 // 113

第七章 生成式人工智能辅助科学研究与论文写作 // 119

第一节 生成式人工智能（GenAI）简介 // 119

第二节 生成式人工智能中的提示工程 // 122

第三节 生成式人工智能辅助研究与写作的建议 // 124

第四节 使用生成式人工智能的相关政策 // 130

第五节 生成式人工智能辅助研究与论文写作的实践 // 132

引　言　为什么要写这样一本书

毕业论文，是本科生与研究生都无法绕开的学术研究的一道坎儿。无论对于学生本人（顺利上交毕业论文），还是指导教师（指导学生完成毕业论文）而言，顺利完成这一任务都不是一件轻松的事情。对于很多学生，尤其是本科学生来说，仅是阅读研究论文就已经如同学习一门新的语言——"火星语"。这样的情况在人文与社会科学领域更加普遍，以至于有的学生在形容阅读研究论文时说道："每个汉字都认识，但是放在一起就完全不知道是什么意思了。"不少学生在写毕业论文的时候，将完成毕业论文等同于写一篇长篇作文，以为翻开笔记本，绞尽脑汁地埋头苦写，最终就可以完成任务。殊不知，把研究发现以论文的形式呈现出来，常常只占整个研究过程的一小部分。

对于我这样的新手教师而言，指导本科生与研究生做毕业研究时，有种事事都必须"躬亲"的感觉。从与学生反复交流确定研究主题，到手把手带着学生阅读与总结文献，再到后期一遍一遍地修改论文，以至于这些工作一度占用了我大量的时间。即使如此，也还是会有部分学生达不到我对毕业研究的要求。在指导了五届（两届研究生、三届本科生）大概40位学生的毕业研究，做了硕士论文写作现状的调查，并与其他学校的导师交流之后，我大概可以得出以下结论。

第一，无论是"985"高校还是普通地方高校，无论本科生还是研究生，在做毕业研究的整个过程中都存在问题，并且这一情况非常普遍。

第二，学生在做毕业研究的过程中遇到的绝大多数问题十分类似，如不知道该怎么阅读文献。

根据我自己指导毕业研究的经验，尽管每个学生的研究主题不一样（这在很大程度上取决于他们自己的兴趣和选择，当然最重要的是参考院系规定的主题范围），但我仍然反反复复地对某些普遍问题进行了解释，这一点通过系统分析我邮箱里的邮件内容就不难发现。当然，重复解释达到一定数量就容易引起质变，使我能够把这些问题与具体的案例总结出来，并以文字的形式呈现，让学生可以对毕业研究有更全面和深入的了解，也可以让学生在做研究的过程中先从这些文字中寻找答案，这样我也就不必在每个问题上重复，重复，再重复。

目前，比较常见的，指导社会科学相关专业开展研究与写作的中文参考书籍有五本：《顺利完成硕博论文》《会读才会写》《社会研究：设计与写作》《如何做综述性研究》《研究设计与写作指导：定性、定量与混合研究的路径》。当然，还包括许多我没有读到的书籍和海量的网络资源。在我看来，这几本参考书都是非常棒的。例如，《顺利完成硕博论文》[1]一书系统地讲解了研究论文的结构及每一部分的写法；《会读才会写：导向论文写作的文献阅读技巧》[2]为大家提供了非常实用，可以操作的文献阅读方法；《社会研究：设计与写作》[3]的作者从国内社会科学研究

---

[1] 鲁德斯坦，雷·R. 牛顿. 顺利完成硕博论文——关于内容和过程的贴心指导（第3版）[M]. 席仲恩，沈荭，王蓉，译. 重庆：重庆大学出版社，2014.

[2] 钟和顺. 会读才会写：导向论文写作的文献阅读技巧 [M]. 韩鹏，译. 重庆：重庆大学出版社，2015.

[3] 风笑天. 社会研究：设计与写作 [M]. 北京：中国人民大学出版社，2014.

的角度，展现了从研究设计到论文写作的完整路径。坦白说，我在阅读这些中文书籍，回想起被无数英文参考书与研究文献"摧残"的求学岁月时，会产生一种与这几本书相见恨晚的感觉。但是我又不禁想到，这读起来过瘾的感觉，是不是因为我早已熟知这些书中绝大部分内容的缘故。如果我没有之前的求学经历和相关领域的研究经验，读起来又会是什么样的感觉呢？

后来，我将这几本参考书推荐给研究生，让他们按顺序阅读，从《顺利完成硕博论文》开始，然后阅读《会读才会写：导向论文写作的文献阅读技巧》，接下来是《如何做综述性研究》❶，《社会研究：设计与写作》。如果还有时间和精力的话，再读一下《研究设计与写作指导：定性、定量与混合研究的路径》❷，并嘱咐他们做好阅读笔记。写这本书的引言时，我也听取了他们阅读这些参考书时的感受。由于只有三位学生阅读了其中一到三本书籍，所以在参考性方面还有很大的局限性。尽管如此，也不妨先来了解一下他们的看法。

第一，同学们对书籍难易程度的反馈和我的判断基本一致，前两本书相对好理解一些。因为这两本书的阅读群体就定位在初入学术圈的硕士研究生与博士研究生上，但在内容上，它们或缺乏实践操作指导，或无法覆盖论文写作的全过程。有一位同学已经开始阅读《如何做综述性研究》，她认为和前两本书相比，这本书的内容相对晦涩难懂。这也是意料之中的事，这本书与《研究设计与写作指导：定性、定量与混合研究的路径》的目标阅读群体都不限于研究生。让学生阅读《如何做综述性研究》的本意是让他们站在

---

❶ 库珀.如何做综述性研究[M].刘洋，译.重庆：重庆大学出版社，2010.
❷ 克雷斯威尔.研究设计与写作指导：定性定量与混合研究的路径[M].重庆：重庆大学出版社，2007.

更高的位置来审视自己论文的文献综述，可惜这本书的难度对于硕士研究生来说有些大。因此，基于自己的研究经验和我与几位同学对这些书籍的看法的讨论，写一本适合研究新手的较为全面的参考书是有必要的。

第二，从知识与理论的角度考量，上述参考书都在各自的领域十分完备，在指导研究实践与写作过程中也非常实用，但是如果读者的研究经验与知识技能储备不足，往往会限制它们发挥作用。值得一提的是，《会读才会写》一书中的阅读编码系统，可以在短时间内让学生的文献阅读水平产生质的提升。但是整体说来，这些参考书中缺乏适合研究新手的实践指引。上述三位同学的反馈也是如此，即使能够理解其中的大部分内容，也很难按照书里面的设计开展研究。其中一个原因可能是这些参考书是从英文原著翻译过来的，书中的案例与情境都与学生相距甚远，英文的阅读写作方式与习惯和中文的也有所不同。回忆一下我们做英文阅读理解与中文阅读理解时的差异，就不难发现一些线索。只有《社会研究：设计与写作》出自中国学者之笔，并面向中国学生群体。书中使用了大量国内研究的实例，与学生生活联系得更加紧密，也更符合中文的阅读与思考习惯。但是这本书的侧重点在研究设计与写作指导上，没有花很多篇幅介绍如何阅读。在我看来，阅读在很多社会科学领域的研究中足以占到一半甚至更多的分量，这一点我在后面的章节会做详细介绍。因此，针对中国学生的社会文化背景进行循序渐进的研究实践指导，让学生能够清楚了解并且着手实施研究实践（如何时开始写毕业论文，每一步应当做哪些工作，以及如何开展这些工作）就显得十分重要了。

第三，如果想要全面了解毕业研究该做什么，要怎样做，那学生可能需要像我一样，读完上述这几本参考书，或至少完整读完其中三本面向学生的参考书，并且阅读另外两本书的部分章节，可能还需要查缺补漏阅读其他资料。这对学生来说是极大的挑战，单单这几本课外书叠在一起，就有七八百页了。我的几位学生表示至少需要半年才能在课余完成这一阅读任务。考虑到本科高年级学生和硕士研究生可能无法投入太多时间到课外阅读与研究中去（以教育领域为例，除了有意向继续读博深造的学生，大部分学生要准备和参加进入教师行业的考试、技能大赛和实习等。从实践角度出发，我个人也认同以上活动对职前教师的重要性超过了毕业研究），以及学生开展毕业研究的时间（本科生通常只有一年时间，专业硕士两年时间，学术硕士三年时间），读完足够的课外参考书目可能并不现实。如何才能让学生在极为有限的时间内，掌握从事科学研究的主要方法和实践规范，为毕业论文做好准备？这一问题似乎无法从上述参考书中找到答案。因此，只有写一本简短又实用的新手研究手册，才能帮助更多在毕业研究中挣扎的莘莘学子。

　　基于上述考量，也为了减轻自己指导学生做毕业研究的工作量，我有了写一本面向社会科学领域的高年级本科学生与硕士研究生，侧重实践与具体任务清单，且简短又有趣的小册子的想法。这本手册的目标阅读群体是几乎没有任何研究基础的高年级本科生，以及具备些许研究基础的硕士研究生，其内容在同行看来不免有些肤浅。需要明确指出的是，文中很多内容并非我的原创。绝大多数在美国大学就读的社会学领域的研究生会接受类似的训练，比如，在学术阅读或学术写作的课程中，甚至在任何一门课程的阅读与写作模块中，他们都会接触到相似的理论与方法。大家基本遵循较为一致的研究体系与研究规范，只是每位导师的习惯和说法不太一样。与之前参考书籍不同的是，我用到的案例与情境完全来自这几年我与指导过的学生之间的互动记录，如邮件、会议记录、工作坊记录、学生的论文修改等材料，以及我与其他教师的交流所得等。

我将先前所学与工作后的案例结合起来，七个章节的内容如下：第一章，科学研究是什么；第二章，研究问题与为什么要研究这个问题；第三章，文献综述及如何阅读和总结研究文献；第四章，研究方法及如何开展研究；第五章，研究结果及如何呈现研究发现；第六章，结果讨论及如何赋予研究结果意义；第七章，通过生成式人工智能在社会科学研究和论文写作中的应用，来呈现社会科学研究的一般流程，并回应学生做毕业研究时普遍遇到的问题与困难。从第二章到第六章，每一章都分为研究实践篇（如如何阅读）与论文写作篇，帮助学生理解科学研究的每一个步骤，如何开展研究，以及如何进行写作。本书在内容方面舍弃了大量的理论阐释（虽然理论非常重要，但在其他同类参考书中可以很容易找到），尝试通过实践练习和简易的工具表单，调制出一份清晰实用的研究实践与论文写作指南，以帮助学生顺利完成毕业研究。有可能的话，通过阅读本书，我也希望能够转变学生对科学研究的看法和态度。如果书中出现任何啰里啰唆的废话，或任何不合逻辑的谬误，那一定是我自己学艺不精所致，我虚心接受大家的各种批评与建议。

第一章 科学研究是什么

　　同学们的毕业研究绝大多数属于科学研究的范畴（人文学科，如哲学、文学等不在本书讨论的范围）。被冠以科学研究，大家首先想到的通常是简称科学的一系列自然科学研究，如物理、化学、生物研究等。而社会科学所涉及的学科，如社会学、教育、人类学等，则可能被认为是有别于自然科学的。其实，在很长一段历史时期内的确如此，研究社会科学的学者们付出了长久的努力，才为一门门社会科学学科正名，让它们成为科学大家族中的一员。此外，能够发展成为被学术界广泛认可的一门社会科学学科，就足以证明它也是科学，也是建立在科学研究的结果之上的。如此说来，无论所学是自然科学还是社会科学专业，大家所从事的都是科学研究，那么大家所做的事情从本质上来看岂不都是一样的？答案的确如此。简单来说，科学研究的目的就是在一定范围内（如一定条件下或者时间段内）探索其真实性。或者换一种更严谨的说法，引用卡尔波普尔的理论，科学必须是可以被"证伪"的。原因就在于科学探寻到的真实性是有限制的，当前的科学理论总会被证明是错误的（证伪），然后新的科学理论会修正或者替代原有的理论。科学一直以来都是这样发展的，比如，从托勒密的"地心说"到哥白尼的"日心说"，再发展到我们今天的宇宙观，

每一个理论在当时的情境下都是符合观测结果的正确理论。但是，随着科学与技术的发展，旧理论无法解释很多新的观测或者问题，然后会被更符合当前情况的新理论所替代，在社会科学领域也是如此。目前，大家广泛接受的，如儿童行为更容易受到环境的影响这一理论，也是几十年前心理学家班杜拉的发现。在此之前，占据主导地位的理论是"基因决定论"。

如果说上面对于科学研究本质的描述不那么容易理解（可能这也是许多同学认为科学研究高高在上、难以企及的原因），我们不妨从科学研究具体怎样做入手，看看科学研究在实践中到底是什么，边做边理解。坦白说，我从硕士研究生到进入博士研究生培养项目的很长一段时间内，也对科学研究的本质没有清晰的认识。随着不断的实践和思考，我才慢慢对科学研究有了更深入的理解。因此，同学们自然也容易和科学研究这一看似高深的活动产生距离感，提不起兴趣，并容易产生科学研究和自己无关的感觉。但从实践的角度来看，做科学研究和写一封情书，拍一部短片，打通关一款游戏，讲好一门课程，开展一次旅行，学会一项运动，开发一个App，完成阶段性工作任务等，没有什么不一样。能做好以上任何一件事情，就意味着具备了开展科学研究的基本能力。优秀的研究人员所需要的许多技能和优秀的职业人士是一样的。不仅如此，成功的研究工作需要理性的逻辑和清晰且组织有序的思维，有效的生活也同样需要这些。因此，看似毫无烟火气的科学研究和我们的日常工作与生活是有千丝万缕联系的。

那科学研究的一般定义是怎样的呢，这个问题的答案有很多版本。例如，"人们有目的探索自然、社会和思维运动、发展规律的一种社会实践活动"[1]。我更喜欢利迪对科学研究的定义，"研究是我们尝试系统地，并由可呈现的事实作为支撑，来寻找一个问题的答案，或者一个问题的解决方

---

[1] 刘文英. 哲学百科小辞典 [M]. 兰州：甘肃人民出版社，1987：443.

案"[1]。换句话说，科学研究在实践层面就是通过系统的方法和证据的展示，回答人们的疑问或者解决实际的问题。从上述定义中，大家不难发现，科学研究同上面提到的一系列生活工作中的例子是没有什么不同的。我们在生活和工作中也需要解答心中的疑问，并且不断尝试去解决问题。只是人们解决问题的方法各异，对事实可靠程度的要求也不同。科学研究之所以被许多人认为是高深莫测的，可能正是由于较为系统化的实践方法和对作为证据的事实的可靠性有更高要求。尽管不同学科的科学研究会有自己的侧重点和特点，但这套系统化的方法也有相对一致的过程，即科学研究是从提出研究问题假设、收集资料、分析资料，到回归理论框架，然后从理论框架中再提出研究问题，这样一个循环发展的过程（见图1-1）。

如果上面的信息不是那么容易理解，我们可以来看一下我国中小学的科学课程标准。熟悉我国科学课程标准的同学不难发现，图1-1就是课程标准里科学探究部分的简化版。其实，我们从小学阶段就应该开始学习这套系统化的科学研究方法了。小学阶段的科学探究包含八个要素，分别是提出问题、做出假设、制订计划、收集证据、处理信息、得出结论、表达交流和评价反思。[2] 初高中物理课程标准中的科学探究，定义也基本与上述八个要素一致。没错，科学课程标准中的科学探究，正是从真正的科学家如何开展科学研究活动中总结归纳出来的。这样看来，我们到了大学以后应该很熟悉这套系统的科学研究方法才对，但目

图1-1 科学研究的一般过程

---

[1] LEEDY P D, ORMROD J E, JOHNSON L R. Practical Research: Planning and Design [M]. Pearson Education, 2014: 5.
[2] 中华人民共和国教育部. 义务教育小学科学课程标准 [M]. 北京: 北京师范大学出版社, 2017: 9.

9

前我国小学对科学教育的重视程度不够，而初高中的科学课程考试很少考察科学探究能力，课程中很难看到它的踪迹，以至于大家对这一套系统的科学研究方法并不熟悉。

尽管如此，我们仍不难看到科学研究本身并不是高高在上、不可触碰的存在，小学生就已经可以循序渐进地开展科学研究了。接下来，让我们从小学生的角度，以"月相"为主题，看一下科学研究具体是如何实践的。表1-1左侧是小学科学课程标准中科学探究的八个要素，右侧是基于科学探究要素设计的小学二年级科学活动。在这个活动中，同学们将研究"月亮的形状是怎样变化的"这一问题。换句话说，同学们的研究问题就是"月亮的形状是怎样变化的？"在这一研究问题的基础上，同学们可以提出两个相反的假设；假设一是月亮形状的变化是有规律的；与之对应的相反的假设则是，月亮的形状变化是没有规律的。为了验证上面的假设，我们计划用一学期的时间，连续每晚观察月亮的形状，并使用提前设计的观察记录表记录月亮的形状。

表1-1 科学探究要素与月相主题下的具体内容

科学探究	探索月相
提出问题	月亮的形状是怎样变化的
做出假设	月亮形状的变化是有规律的/月亮形状的变化是没有规律的
制定计划	在一学期里连续每晚观察月亮，并做好观察记录
搜集证据	每天晚上观察月亮，做好记录并把月亮的形状画下来
处理信息	把月亮的形状按照日期排列起来，寻找其中的规律
得出结论	月亮形状的变化是有规律的/月亮形状的变化是没有规律的
表达交流	把月亮形状变化图和结论做成海报与同学进行交流
评价反思	在记录月亮形状和探索月亮形状变化规律的过程中都遇到过哪些问题、对得出研究结论可能会产生什么样的影响、你是如何解决这些问题的？如果继续观察月亮，在记录和对比月亮形状的过程中有什么可以改进的地方，让自己的结论更加准确可信呢？

让我们想象一下这个研究如何开展。同学们会在每天晚上同一时间，准时观察月亮，填好记录表，并画下月亮的形状或者拍照。到学期末的时候，同学们把自己记录的月亮形状按照日期排列起来，通过对比与分析，探索月亮形状变化的规律，验证自己提出的假设。换句话说，同学们通过观察与对比自己所记录的月亮的形状在连续 90 天里发生的变化，得到"月亮形状有规律变化"或者"月亮形状没有规律变化"这样的结论。与此同时，同学们还要把月亮形状变化的记录和得出的结论以海报的形式或其他方式呈现出来，并与其他同学交流研究发现。最后，同学们通过自己回想，以及与其他同学进行讨论，总结在记录月亮形状和探索月亮形状变化规律的过程中都遇到过哪些问题，对得出研究结论可能会产生什么样的影响，以及如何解决这些问题？如果继续观察月亮，在记录和对比月亮形状的过程中有什么可以改进的地方，让自己的结论更加准确可信呢？

我相信能够阅读这本书的读者，都不需要亲自去实践上面这个科研活动，在脑中就可以思考并呈现上述全部过程。让我们花几分钟时间，认真地想象一下整个活动的流程和产出，是不是感觉科学研究也没有想象中那么神秘和复杂了？上述活动过程其实就是简化版的本科/研究生毕业研究，而论文只是整个过程的规范记录。小学生在教师的引导下基本上可以独立完成探索月相变化这一科学研究，作为本科生或研究生，在导师的帮助下，有什么理由做不好自己的毕业研究呢？

第二章 研究问题与为什么要研究这个问题

第一节 科学研究实践篇

科学研究的第一步，也是最重要的一步，就是提出研究问题。回到上一章观察月亮的小学科学研究活动，研究问题是"月亮的形状是怎样变化的？"这实际上是当前已经知晓答案的问题，它来自科学课程标准中学生学习的具体要求，"月球围绕地球运动，月相每月有规律地变化"。❶ 教师可以通过不同的方式引出这个研究问题，比如，可以直接抛出这个问题让学生解决，也可以在学生讨论月亮的话题时引导学生提出相似的问题，但二年级学生通常很难独立并自发地提出这一问题。本科生与研究生在将要开展的毕业研究中，也面临着和上述二年级同学相似的处境。

试想一下第一种情境，几乎所有同学都可能会遇到。那就是在与导师初次见面，介绍自己感兴趣的研究方向，或者被要求填写毕业研究方向的信息表时，满脸的无奈和尴尬。这时大部分同学想必是一头雾水，不知道自己要研究什么问题。几番对话下来，导师得到的最多的回答就

---

❶ 中华人民共和国教育部. 义务教育小学科学课程标准[M]. 北京：北京师范大学出版社，2017：46.

是"我也不知道要研究什么"。也会有同学提出，例如，"我对网络直播现象有兴趣"。但是，网络直播现象几乎是一个无限大的研究方向，而不是一个具体的研究问题。尽管如此，大方向是有了。对于大多数本科毕业生和研究生来说，独立并自发地提出一个具体的研究问题是极困难的一件事。

在第二种情境中，导师会直接分配研究问题，就像教师直接将研究月亮形状变化的问题抛给二年级学生。这通常会发生在项目较多而时间较少的导师身上。导师自己的科研项目中有不少已经拟定好的研究问题，选择一个难度和工作量合适的问题分给学生，既可以让学生在参与科研项目的过程中完成毕业论文，又可以让学生为科研项目贡献一份力量。分配研究问题的优势显而易见，导师提出的研究问题通常是经过了论证的问题，是有价值且可以实践的研究问题，省去了学生自己寻找研究问题所需花费的时间精力和不停碰壁的挫败感。但是，这种方式也让学生错过了找出研究问题所需要经历的过程和经验，分配的问题也可能不是学生感兴趣的问题。

第三种情境是通过对话与讨论，引导学生提出自己感兴趣的研究问题。我通常会选择这种方式，让学生尽量选择自己感兴趣的研究问题。但是这种方式需要两到三个月的时间，辅以每周 1~2 次的交流，才能从大的研究方向（如上面提到的"网络直播"）中，提炼出具体的研究问题。例如，"小学高年级学生观看网络直播的时长是否与他们的网络暴力倾向有关？如果有，是怎样的关系？"当然，导师与学生的交流和讨论是否顺利，是否有成果，主要取决于学生每周是否能够按照要求阅读足够多的文献。阅读文献才是提出研究问题的决定性因素，与导师交流更多的是把握方向和将研究问题从阅读所得中引导出来。尽管在选择研究问题时，导师与学生有一定的自主权，但更重要的是严格遵循院系对于毕业研究方向的要求。比如，教育学院通常会要求本学院学生的毕业研究，无论本科还是研究生，一定要与教育相关，否则哪怕学生提出的研究问题很有价值，也可能不会被院系接受，从而影响学生顺利毕业。

当然，我们也需要考虑一下最坏的状况，学生只能依靠自己的力量找到研究问题。这种情况在本科毕业研究中也很常见，本科生不像研究生，有自己固定的导师，大四毕业生很多是在最后一年被分配给某位老师。大家可能互不相识，也不了解，留给彼此的时间非常有限。也会存在研究生因为导师太忙或者其他原因，需要靠自己找到研究问题的状况。面临这样的困境，有一个办法，那就是询问自己学科领域的专家学者有哪些值得研究的问题。通常在学术圈里，大家都是乐于回答学生这种积极求知的问题的。但是在向专家和学者问询前，需要具备一定的阅读量，知道谁是应该询问的人，通过何种方式询问，以及如何提出恰当的问题。一般来说，研究文献中都有作者的联系方式，还可以通过网络找到学者所在的学校、院系，进而找到联系方式——邮箱。

如果得不到有效的回复，最终可能还是只能依靠自己去找到研究问题。这时，你需要一支笔和一张大纸，用基于思维导图的方法寻找潜在的研究问题。首先，在纸上写下自己所属院系要求的毕业论文的主题范围，假设院系规定毕业研究的主题要和教育有关，那就在纸的中间写下"教育"这个关键词。接下来，你可能需要花几个小时，将自己脑中与教育相关的信息挖掘出来并将其列在纸上，再标记出信息间可能存在的联系，以找到自己的方向。其次，检索并阅读选定方向的研究文献，把信息汇总到之前的图里，不断缩小研究方向。在不断阅读和填充修改思维导图的过程中，研究问题会慢慢呈现。这样做的优势是，学生可以自己经历和学习找

到研究问题的过程，但这需要在研究计划中为确定研究问题预留足够的时间，并做好不断应对挫败的准备。

无论通过以上哪种方式，如果一切顺利的话，你便找到了自己的研究问题（见图2-1）。这样就迈出了科学研究的第一步，也是最重要的一步。但是别高兴得太早，值得大家进一步思考的问题来了，为什么要研究自己刚刚找到的这个研究问题呢？让我们先回到观察月亮的科学研究活动。由于"月亮的形状是怎样变化的"这个问题是一个已知答案的问题，换句话说，回答这个问题并不会为我们理解月亮的形状变化做出新的理论或者实践方面的贡献。因此，按照科学研究的标准，这个研究问题本身是不具备研究价值和意义的。但是，作为二年级学生的科学研究活动中的研究问题，它显然具备了教学与实践练习的价值。没有人会期待小学生花费90天、每天5分钟的科学活动能产出具有研究价值和意义的成果。

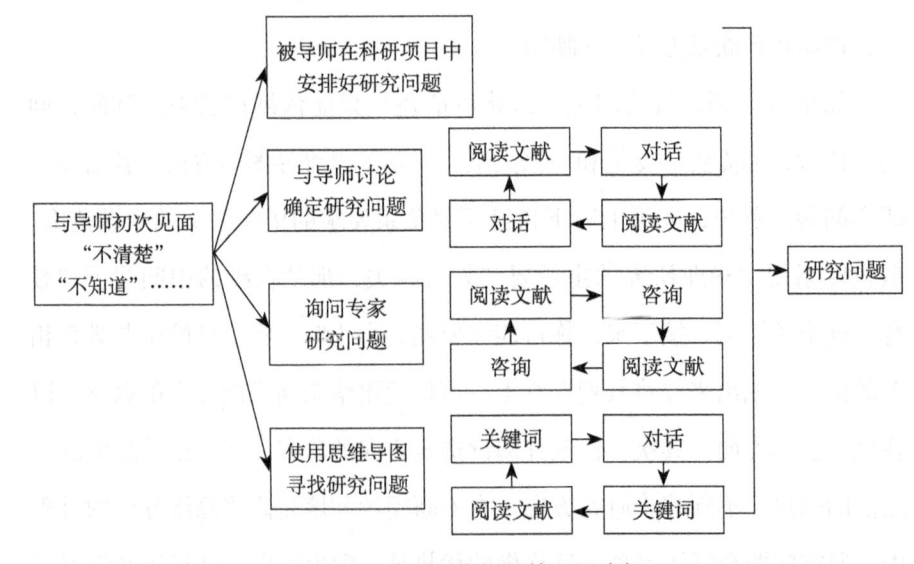

图2-1 找到研究问题的不同途径

类似地，我们要求所有本科毕业生在缺乏各项科学研究训练的情况下，利用不到一年的时间，做出有学术价值和意义，甚至有创新性的研究，也是不合理的。我个人不赞同让全部本科学生参与毕业研究并撰写研究论文，更不赞同把研究价值与意义，还有创新性作为评判本科毕业研究质量的标准之一。如果本科毕业论文一定要存在的话，对于本科生来说，它更像是一次科学研究的实践与练习，这才是本科毕业论文的价值所在。

既然同是科学研究的实践与练习，那与小学生回答"月亮的形状是怎样变化的"这一问题本质上没有区别。只是本科生要回答更复杂的问题，使用更加系统和规范的方法去实施研究并撰写论文。这看上去好像不难实现，但实际情况却是绝大多数本科毕业研究远远达不到科学研究实践的标准和规范。主要原因可能是本科生没有机会接触系统的科学研究实践的训练，而中小学的科学教育要么不受重视，要么以应试为导向，没有培养起学生的科学研究能力，出现这样的结果也在预料之中。在研究生阶段，毕业研究的主要目的是继续参与和实践科学研究，提升研究能力。我相信部分本科毕业生和硕士研究生可以做出具有学术价值的研究（我自己带过的本科生和研究生就做到过），但不应该把研究价值或研究创新，作为评判学生毕业研究论文的标准。

明晰科学研究的本质，以及将学生练习与实践科学研究作为主要目的，可以让我们对毕业研究有更合理的预期和评判标准，也能有效避免学生天天绞尽脑汁去"发掘"不切实际的研究意义和所谓的创新的情况。这与飞行训练有些类似，飞行员在飞行模拟器上训练时，驾驶舱、操作设备与操作反馈都与真实的飞机无异，只是屏幕上显示的是虚拟场景。在这种飞行练习与实践的过程中，飞行员并不真的需要对乘客的生命安全负责，同时也不会为公司创造效益或带来损失，没有人会去质疑上述练习与实践

的价值和必要性。了解了毕业研究应有的价值意义后，基于先前提出的研究问题，我们就可以讨论该如何回答"为什么要研究这个问题"了。过分纠结研究真正的学术价值和创新性反而会让学生无从下手，无法回答为什么，无中生有是不可能的。而从练习和实践科学研究的角度，为什么这样的问题可以被轻松解决。这并不是说要陈述研究会对提升学生个人的科研能力，增加科研实践经验有怎样的好处，而是要遵循如何呈现一个研究问题重要性的一般逻辑和步骤，按部就班地将体现问题重要性的信息合理规范地呈现出来。

常见的体现研究问题重要性的信息，在宏观层面上主要有以下三个来源。第一个来源是社会热点问题或现象，比如，席卷全球的新冠疫情，它在教育领域对我们传统的学习方式产生了极大的冲击[1]；第二个来源是政府出台的政策，比如，教育研究的成果帮助政策制定者制定出更可靠的教育政策，而新的教育政策的出台，也影响接下来教育研究的趋势。以美国《下一代科学标准》为例，它的推出有赖于多年来众多科学教育研究成果的累积。[2] 而它的出现，也指明了未来相当数量的科学教育研究的方向。第三个来源，是我刻意加入毕业研究中的"虚假"的证据，那就是整理和呈现与自己研究问题相关的以往研究的趋势。通过电子数据库自带的文献背景信息分析功能，很快就可以得到，如近二十年某一主题的发文量变化，主要研究学者、关键词词频等信息。梳理上述信息，无论是在熟悉数据库的使用上，还是在宏观了解某一研究领域的背景信息上，都是不错的

---

[1] YANG Y, LIU K, LI M, et al. Parental Involvement, Teacher Support, and Students' Affective Engagement in Emergency Remote Teaching During the COVID-19 Pandemic: Evidence from a Cross-sectional Survey in China [J]. Journal of Research on Technology in Education, 2021.

[2] NGSS Lead States. Next Generation Science Standards: For States, by States [M]. Washington, DC: National Academies Press, 2013.

实践与练习。如果想更深入地发掘这些背景信息，可以使用诸如 CiteSpace 这样的软件。之所以称它为"虚假"的证据，是因为在论文写作中，这些背景信息是研究问题重要性反映出的结果，而不是原因。换句话说，不是因为研究某个问题的论文越来越多，我才要加入这一研究热潮中；而是某个问题有研究价值，研究它的论文才会越来越多。

相比于宏观层面，建立研究问题重要性的微观层面的信息或者证据，是支撑一个研究问题价值的核心内容。这些信息均来自以往的研究发现，通过总结过去的研究结果，可以清楚地知道过去做过什么，没做过什么，是怎样做的，还有什么是可以做的。对过去研究发现的总结与评判就是论文里的文献综述部分，我会在下一章详细讨论。综述可以直观地呈现某一问题的研究发现。例如，通过阅读2012—2015年网络大型公开课程的综述文献，我们可以快速了解到，学生在课程中的情感投入在多数研究中，主要通过他们的语言或者文字记录来进行测评（如代表正面情绪和负面情绪的话语）。[1] 发表在高质量的学术期刊中的论文，研究问题的重要性或者意义是通过宏观层面的信息与微观层面的信息（文献综述）有机结合来实现的。比如，一个常见的逻辑就是先呈现与研究问题相关的社会热点问题或现象，再联系相对应的政策，最后总结与评判过去的相关研究发现，进而指出研究空白，凸显研究的合理性。例如，研究问题可以填补过去的某一空白。

由于毕业论文相较期刊论文篇幅较长，不会在总结完以往研究发现后再提出研究问题。试想一下，论文读了1/3了，还不知道具体要研究什么

---

[1] JOKSIMOVIĆ S, POQUET O, KOVANOVIĆ V, et al. How Do We Model Learning at Scale? A Systematic Review of Research on MOOCs [J]. Review of Educational Research, 2018, 88（1）: 43-86.

问题，这种感觉就好像课讲了一半了，老师才告诉你，今天要学的主要内容是什么。因此，毕业论文的研究问题通常出现在引言（宏观层面呈现研究问题的重要性）之后，文献综述（微观层面呈现研究问题的重要性）之前。在搜集宏观层面有关研究问题重要性的信息时，我一般会布置给学生以下三个小任务。

（1）与研究问题相关的社会热点问题与现象的整理与描述。

（2）与研究问题相关的政策文件的整理与描述。

（3）与研究问题相关的整体研究趋势的整理与描述。

这与前面提到的三个宏观层面的信息来源是一一对应的，前两个任务与期刊论文中建立研究问题重要性的做法是一致的，第三个任务的内容在期刊论文中不会出现。总结一下，引言（其中最重要的内容是提出研究问题）作为毕业研究的第一步，也是论文的第一部分，包含研究问题，与宏观层面的研究问题的重要性。而重要性是通过相关社会热点问题、相关政策和相关研究趋势三个部分来呈现的（图2-2）。

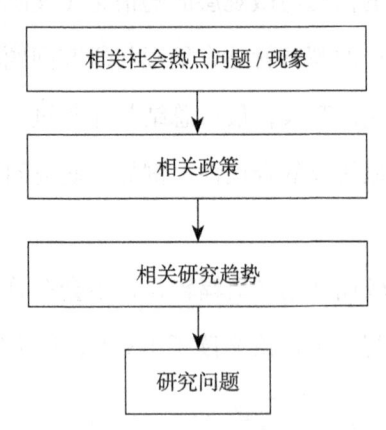

图 2-2 宏观层面研究问题重要性的逻辑顺序

第二节　毕业论文写作篇

完成了上面有关宏观重要性的三个小任务以后，我们就可以按照图 2-2 的逻辑顺序，梳理与分析搜集到的信息，然后写作论文第一部分"引言"了。尽管引言才是论文的第一部分，但是更高效的写作方式是将它放在文献综述（论文的第二部分）之后来写，即先陈述研究问题，再根据研究问题的范围书写文献综述，然后再回头书写引言部分。原因很简单，我们对和研究问题相关的社会问题（现象）政策等的了解，很大程度上也来自阅读过的文献。在总结文献的过程中，我们可以多多留意其中提到的问题、政策等。很多同学的毕业论文引言部分写得十分单薄，或者不知道该在引言部分描述哪些内容，问题往往就是出在文献阅读上，如阅读的文献数量太少，而不是论文写作本身。文献阅读的重要性在引言部分第一次体现，在后面的每一章节，文献阅读的重要性都会以不同形式展现。因此，可以毫不夸张地说，文献阅读在整个毕业研究中（尤其是社会科学领域）的比重能够占到 60% 以上。为了方便大家理解，我们还是要按照论文结构的逻辑顺序，从引言的写作开始说起。假设我们已经完成了论文文献综述部分，过程中我们了解和收集了关于社会热点、政策，以及研究现状与趋势的信息，接下来我建议同学们先分别写好对应上面三点内容的三份报告，再来整理与写作引言。下面我们以三位同学的本科论文为例，看一下报告和论文分别应该如何来写。

首先来看一段来自本科毕业论文的，描述社会热点问题和现象的文字。

小学高年级学生青春期的来临使学生生理、心理方面产生变化，对性知识的要求与日俱增。虽然我国教育事业已进入改革发展阶段，但是性教育起步晚，相对发展滞后。近期出现在公众视野中的个别低

龄生子事件等侧面反映出我国当下性教育的缺失，社会对性教育的呼声也越来越高。

这段文字包含三句话。第一句是说小学高年级学生处在心理与生理变化的青春期，因此需要性教育。第二句是说我国性教育发展相对于其他教育滞后，因此需要性教育，每一句话都指向性教育的重要性。与此同时，从这两句话中可以看出，在论文写作时对不同类型事实的呈现方式。第一句话呈现的是人们普遍知晓的常识性事实，因此作者自己就可以做出判断。第二句话是关于我国教育的发展，这是很多人不关心或者不太清楚的，需要有切实证据支持的事实。因此，引用过去的研究发现在这里起到了证据的作用。第三句话，提及近期的新闻或者公共事件，再次重申性教育的重要性。严格来说，新闻事件也是需要有引用和出处的。即使是在网络上看到的新闻，也需要把它们的来源以参考文献的形式呈现出来。

在描述社会热点问题时，最容易出现的错误就是使用个人想法或判断来代替客观事实。实证研究论文的写作不包含没有证据的个人主观臆测，任何论点都需要有证据支持。一个快速判断引言质量的标志就是，观察这部分的段落中大概出现了多少条可靠的引用。与此同时，在引言部分需要分清楚哪些事实（证据）是人们普遍知晓的常识。例如，我们都知道我国是九年义务教育，包括小学六年与初中三年（也有少数五四制的情况），这些常识是无须参考文献来佐证的；哪些是源于研究发现或者统计数据的事实，例如，新冠疫情期间，国内城市初中的每日平均网课的上课时间相较于正常时期的上课时间缩短了至少50%[1]，这些内容是需要有参考文献佐证的。

---

[1] YANG Y, LIU K, LI M, et al. Parental Involvement, Teacher Support, and Students' Affective Engagement in Emergency Remote Teaching during the COVID-19 Pandemic：Evidence from a Cross-sectional Survey in China [J]. Journal of Research on Technology in Education, 2021：.

在作者下笔描述性教育的宏观重要性之前，梳理出来的相关社会热点问题的报告的篇幅其实远远超过了引言中的内容。热点新闻（现象）的梳理相对简单，只要描述清楚，问题的主要内容（1~2句话）来自哪里就可以了。因此，第一个报告看上去更像是一份列表，里面罗列了每一条和研究问题相关的社会热点新闻。在写作引言时，把这些内容用简洁的语言总结好，来突出研究问题的重要性。很多同学认为引言部分很难写，其中一个很重要的原因是没有这样一份罗列事实的报告，还是按照以前写作文的思路应对论文写作，"巧妇难为无米之炊"用在这里也非常合适。

接下来，我们看一段描述政策的文字，同样来自本科毕业论文。在这里，作者引用了两份政策文件，和一篇研究文献的内容，从呈现创新的重要性，过渡到呈现批判性思维作为创新前提的重要性。对政策的描述，是大多数教育研究论文会呈现的，政策层面的重视可以很好地反映研究问题的重要性。

国务院于1999年在全国教育工作会议上通过了《关于深化教育改革全面推进素质教育的决定》，指出我国教育应重视培养学生的创新精神和实践能力。中国共产党第十八届中央委员会第五次全体会议再次强调"创新"是顺利实现"十三五"规划目标的重要保障，而批判性思维作为创新思维的核心组成部分，是培养国民创新精神的重要前提。2012年，温家宝在中国科学院第十六次院士大会和中国工程院第十一次院士大会的报告——《只有争鸣才能激发批判性思维》中提出批判性思维在现代社会中不可忽视的精神意义。❶

---

❶ 温家宝. 积极迎接新科技革命的曙光和挑战——在中国科学院第十六次院士大会和中国工程院第十一次院士大会上的讲话 [EB/OL]. （2012-07-02）[2024-07-02]. https://www.gov.cn/ldhd/2012-07/02/content_2175033.htm.

23

在描述政策方面比较常见的问题如下。

（1）列举的政策数量太少，这会让政策显得孤立，研究问题的重要性不容易让人信服。

（2）提到了政策名称，但遗漏了引用。

（3）没有直接引用政策文件，而是引用了其他学者的研究中提到过的同一政策。

后者是典型的错误引用方式，要引用信息的直接来源而不是间接来源。比如，研究A中提到了政策B的内容，而自己的研究论文正好也要引用政策B。正确的引用方式是通过A研究的参考文献，找到政策B的原文，然后引用政策B的原文，不少同学为了方便省事直接引用了研究A。

在描述引言中的政策之前，也要做好政策研究报告。同样是以列表的形式，列举出10~20年（或者根据自己的研究确定更合适的时间范围）和研究问题相关的政策文件，包括文件名称、发布机构或作者、时间、来源、文件链接，以及文件里面的关键内容原文（需要用引号引用），或者相关内容的简单总结（1~2句话）。在写作引言时，参考这份报告，将政策按照一定逻辑组织起来，就可以从政策的角度呈现研究问题的重要性了。

和毕业论文类似，期刊论文的写作是使用与研究问题最相关的社会热点问题和政策，以简洁、高效且富有逻辑的方式组织起来（通常是2~3句话），让读者在文章一开始就意识到研究的宏观重要性。以科研练习与实践为主要目的的毕业论文，我认为最重要的是内容全面、规范和逻辑的一致性，即所有内容都指向研究问题的重要性。因此，我会建议学生在引言部分加入对于研究趋势的描述性统计，多一个角度来呈现研究问题的宏观重要性。尽管这一部分不是毕业论文所必需的，也不会出现在期刊论文里，但它作为文献检索的一个环节，能让学生对自己的研究问题有一个整体上的了解，因此梳理研究趋势不失为一个有效的科研练习与实践。图 2-3 展示了在中国知网检索关键词"教师素养"得到的发文量趋势。

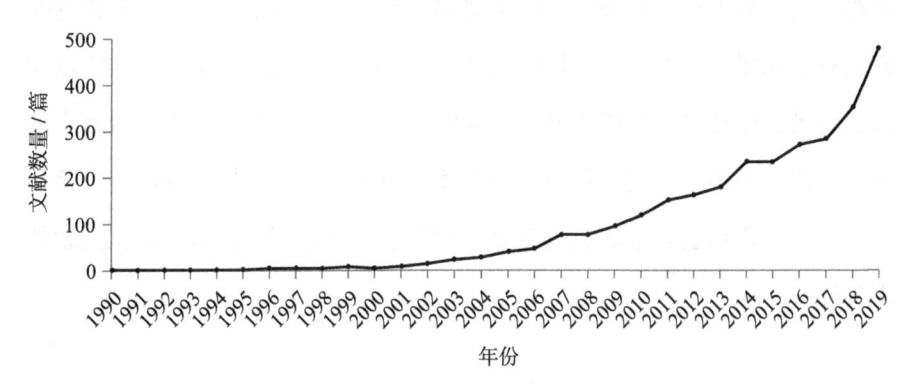

图 2-3　1990—2019 年有关"教师素养"的文献数量分布

资料来源：中国知网。

从图 2-3 中可以看到，有关"教师素养"的研究年发文量在 2001 年以前都是个位数，2001 年以后发文数量快速上升。因此，最可靠的结论是有关"教师素养"的研究越来越多了，或者说有越来越多的研究者关注"教师素养"了。不难发现，并不是因为"教师素养"的研究有更多人的关注，它才成了重要的主题，而是因为它的重要性，让越来越多的人开始关注。因此，分析和呈现研究趋势，只是科研练习与实践的一个不错的环节，并作为对上面两点宏观重要性的补充，呈现一下自己的研究问题也是蹭到了热度，间接证明一下研究的重要性。

在呈现完研究问题的宏观重要性之后，就可以顺势引出研究问题了。研究问题是困扰了我很长时间的谜题，我发现同学们普遍对以问号结尾的疑问句有种与生俱来的排斥感。在我的研究方法课上，我会花四周的时间

与每个研究小组讨论他们的研究问题,并让学生们把我们最终确定好的研究问题填写在研究信息表格里。但在接下来的三个月时间里,绝大多数小组在引述研究问题时,还是会给出一句模糊不清的陈述,认为这就是他们的研究问题,而不是记录在信息表格里面,已经敲定的以问号结尾的研究问题。这一现象在每一届学生中都普遍存在。以问号结尾的疑问句式的研究问题,指的是下面三组问题,它们分别来自上文提到过的社会热点问题、政策,以及研究趋势片段所对应的论文。尽管上文只提供了引言中的几个片段,但不难看出,片段中的描述与研究问题是保持一致的。一篇好的论文,无论从引言中摘出哪个完整的片段,内容都应该指向研究问题的重要性。

第一组:
1. 小学高年级性教育现状是怎样的?
2. 小学高年级教师和学生对性教育课程的需求是怎样的?

第二组:
1. 小学职前教师、小学高年级在职教师,以及小学六年级学生的批判性思维现状是怎样的?
2. 小学职前教师和小学高年级语文教师在批判性思维方面是否存在差异?

第三组:
1. 近三十年来,我国小学教师应具备的素养发生了怎样的变化?
2. 近三十年来,小学教师应具备的素养与实际被研究关注的素养的一致性如何?

回到研究问题本身，我想大家都能轻易分辨上面这六个疑问句和普通陈述句。除了问句的形式本身，研究问题也对研究范围做出了限定，如研究对象（小学高年级教师）、研究具体内容（性教育现状）、清晰的比较（应具备的素养与实际被研究关注的素养）、结果的性质（是否存在差异）。更重要的是，这些问题是可以通过科学研究（尤其是短期研究）找到答案的问题。对于毕业论文中的研究问题来说，重点有两个：一是能够通过科学研究找到答案，二是能够在相对较短的时间里找到答案。能通过科学研究回答的问题只占人类问题的一小部分，如果学生对文学或者宗教感兴趣，科学研究显然不是一个好的选择，并且科学研究本身也是有投入和产出考量的。举个极端的例子，如何实现载人登陆火星是一个具有研究价值的问题，但由于投入太高，现阶段还不会被提上研究日程。回到上面三组研究问题，如果不加任何限制去研究所有科目，所有年级的小学教师的批判性思维，估计工作量至少会翻六倍（低、中、高年级，数学、语文、英语三个科目）。因此，好的研究问题会清晰地表述在什么情境下具体要回答怎样的问题。当然，也有作者习惯把研究问题转换成陈述句的形式作为研究目的陈述，如研究目的是"探索小学高年级性教育的现状"。

除了有同学不断将明确的研究问题改为模糊的研究目的描述，更为严重的情况是，我读到的很多本科与研究生的毕业论文都没有清晰的研究问题或者目的，需要读者自行判断作者到底要研究什么，如下面两个例子：

例1：因此，亟须对小学STEM课程的校本推进进行本土化研究，对如何创建符合学校特色的STEM课程，如何将STEM课程落地校园，如何解决STEM师资问题等进行探讨，及时进行经验总结并进

行对策研究，从而为小学推进 STEM 课程，进行课程改革总结实践经验。基于此，本研究以 D 小学为个案研究对象，对 D 小学 STEM 课程的校本推进状况进行描述与分析，探索 D 小学开展 STEM 课程的优秀经验与存在的问题，并进行学理上的分析和探讨，提出建设性意见。并基于对此个案的深度剖析，为其他小学提出可借鉴的 STEM 课程校本推进建议，以期厘清 STEM 课程校本推进过程中的问题，得出 STEM 课程校本推进的建设性建议，充实我国 STEM 课程的本土化研究。

例2： 因此，本研究选择新教育为研究视角，通过对小学语文教师专业阅读发展现状调查的基础上，进一步论证并以新教育为视角对小学语文教师的专业阅读提出改进策略的可行性，并结合个案研究论证策略实施的现实性，为小学语文教师专业阅读的发展提出相应的改进策略。

这两个例子均是研究目的的陈述模糊不清，它们的主要问题在于缺乏对研究问题的清晰界定。在例1中，关注开展 STEM 课程存在的问题，具体是要关注学校政策方面的问题、教师教学方面的问题，还是学生或者家长的问题？例2中小学语文教师专业阅读的改进策略也存在同样的问题，具体是从哪个角度入手进行改进？当上述概念和方向存在着多种可能性的时候，研究目的就不会清晰。上面两个例子反映出的另一个问题是，在研究问题或目的的描述中，加入了不该出现在这一部分的内容。例1中，"本研究以 D 小学为个案研究对象"，和例2中"通过对小学语文教师专业阅读发展现状的调查基础上"，都是将研究方法的内容和研究问题放到了一起。最后，上面两个例子中都出现了重复陈述的内容，"STEM 校本化推进的问题、分析与建议",和"专业阅读发展的改进策略"分别在上面两个段落中,为数不多的几句话中重复出现。

研究论文(包括毕业论文)及很多生涩难懂的专著,如《影响的焦虑:一种诗歌理论》❶,都是信息密度非常大的阅读材料,要求读者具备一定的知识储备和阅读能力。如果这时作者的写作不够清晰、简洁、有条理,会进一步增加阅读的难度。为了降低阅读难度,论文的写作要章节分明,并且在每一小节只描写一个内容。在论文的引言部分,也就是研究问题和为什么要研究这个问题上,可以按照体现研究问题宏观重要性的三方面内容来梳理和写作,最后陈述研究问题。

———————— **本章要点** ————————

科学研究实践篇

1. 找到研究问题是任何一个研究的主要组成部分,是科学研究的第一步。

2. 找到研究问题有多种途径,但最重要的是个人的文献阅读量。

3. 对于本科/硕士毕业研究来说,重要的是练习与实践科学研究的路径。

4. 引言的核心是研究问题,其他内容均是从宏观上支持研究问题的重要性。

5. 将宏观研究的重要性拆解为三个方面的内容,即社会热点问题/现象,政策与研究趋势,每次搜集一个方面的文献资料,并将其整理成报告。

---

❶ 布鲁姆.影响的焦虑:一种诗歌理论[M].南京:江苏教育出版社,2006.

毕业论文写作篇

1. 引言（从宏观角度建立研究的重要性／为什么要做这样的研究）

1.1 与研究问题有关的社会热点问题／现象（重要性直接来源一）

1.2 与研究问题有关的政策（重要性直接来源二）

1.3 与研究问题有关的研究趋势（重要性间接来源与补充）

1.4 研究问题

毕业论文参考评价标准

1. 有清晰准确的研究问题／目的

2. 从社会热点问题／现象的角度清楚客观地呈现了研究问题的重要性

3. 从政策的角度清楚客观地呈现了研究问题的重要性

4. 从研究趋势的角度清楚客观地呈现了研究问题的重要性（非必需）

5. 宏观研究重要性与研究问题保持一致

第三章 文献综述及如何阅读和总结研究文献

"Reading Reading Reading
Writing Writing Writing"

在本章开始前,我想先引用耶鲁大学的一条校训来展现阅读和写作的重要性,"阅读,阅读,阅读;写作,写作,写作"。在很多年以前,耶鲁大学就知道重要的事情说三遍了。大家可能更熟悉"光明与真理"是耶鲁的校训,但追求光明与真理在很大程度上要靠阅读与写作的点滴积累,耶鲁大学对培养学生的阅读与写作的重视程度可见一斑。目前,大家对培养学生的阅读与写作能力重视不够。我的一位耶鲁老友每年都会回国做讲座,呼吁大学重视学生的阅读和写作培养,并在本科开设阅读与写作的课程。我在先前就职的学院也曾毛遂自荐,开设阅读与写作的训练课程。很多人大概都会有这样的疑问,学生都考上大学了,怎么可能还不会读书,不会写作?正如前面所说,能读书能写作和可以进行学术阅读与写作是两码事,二者无论是从信息容量、难度和要求阅读者具备的基础能力等方面,都不是一个量级的。

由于很多人对大学阶段阅读与写作的误解,很容易产生以下两种极端情况。一是像购物清单那样一条一条罗列并记忆读到的内容。比如,

复习考研期间,教学楼走廊中不绝于耳的背书声,考研结束后,试卷上几乎一字不差地从书本上复制的标准答案,都是这种极端情况的体现。记忆的重要性毋庸置疑,但如果只是背诵和复述,和小学生就应该掌握的技能有什么区别呢?二是天马行空地解读阅读内容,这里的阅读内容仅限自然和社会科学领域,不讨论人文学科的阅读,如文学作品的解读。用我统计课上的内容作为例子:在一次调查中,学生发现本校大三学生的样本中,单身学生每周点外卖的次数要远超有男女朋友的学生。于是,有同学半开玩笑地调侃,原来外卖才是单身的罪魁祸首。越是窝在宿舍里点外卖,就越会失去接触或认识异性的机会;也有同学认为男女朋友会经常外出约会,因此减少了点外卖的次数。以上都是很棒的猜测,但调查到这里,我们无法证实单身与否和点外卖次数之间存在任何因果关系,只是发现了它们之间有所联系(相关性)。但是翻开同学们的研究报告,认为单身会导致不健康饮食(点外卖)的观点不在少数,并且添油加醋,言之凿凿。通过极其有限的信息,编出一个动人的故事,我不知道这项技能在同学们将来踏上社会后能不能派上用场,但在科学研究中,是绝对行不通的。同学们在毕业论文中常见的两个问题,直接大量复制参考文献内容和发表出毫无根据的感想与建议,恰好也是上述两种极端情况的表现。

钟和顺在《会读才会写:导向论文写作的文献阅读技巧》一书中,对休闲阅读,如躺在床上阅读一本自己喜欢的小说,与学术阅读做出了区分。[1] 休闲阅读是每个人都会的,或者说只要识字就可以完成的任务,显然这不是阅读学术文献的正确方式。但是反过来,我们可以用阅读研究文

---

[1] 钟和顺. 会读才会写:导向论文写作的文献阅读技巧 [M]. 韩鹏,译. 重庆:重庆大学出版社,2015:18.

献的方式阅读自己喜欢的小说,很多文学评论者及关于文学的真知灼见也由此产生。在正式讨论学术阅读之前,还有非常重要的一步,那就是如何检索文献。这就好比我们在想读书之前,首先要去书店挑选自己感兴趣的书籍一样。只不过研究文献没有实体商店,通常需要在电子数据库中进行检索。

第一节　科学研究实践篇

阅读科研论文完整的流程包括从电子数据库检索和下载文献,通过阅读标题和摘要筛选文献,快速阅读文献主体并作出进一步判断(主题是否符合、质量是否有保障),以及精读文献并作出记录与总结。

一、学会使用学校的电子图书馆与电子数据库

现在学生几乎很少到图书馆里,通过寻找纸质参考书籍和文献来进行研究。对于很多学生来说,使用网络资源似乎就可以完成毕业论文。我认为这不是一个好现象,仅靠阅读网络上的信息是无法完成科学研究的。比如,我们不能期望阅读了一定数量的回归分析的研究,就能够在自己的研究中正确使用回归分析。阅读详尽介绍回归分析的参考书籍是必不可少的。在每个研究领域,都有很多经典的参考书值得阅读。其中有一些是没有电子版的,在图书馆里花些时间找到它们并认真阅读,可能会在接下来的研究中节省更多时间。当然,使用电子数据库的优势是不言而喻的,但是它们使用起来并不像扫码付款,或者搜索娱乐新闻那样简单。使用电子数据库,如中文的万方,维普和英文的 EBSCO 等,都需要依托大学的电

子图书馆。许多学校的图书馆会定期举办电子数据库的使用及文献检索等培训，这是开展毕业研究的必修课之一。

一般来说，即便是在没有系统培训的情况下，同学们也都可以很快掌握中文数据库的使用方法。但英文数据库的检索和文献获取对于很多国内的同学来说可能相对困难一些，这在一定程度上可能源自大家对阅读英文的恐惧和排斥。除此之外，很多同学没有主动参加英文数据库使用方法的相关培训，以至于不了解这些数据库。英文电子数据库种类繁多，每个学科都有自己常用的一些数据库。拿教育研究来说，就有多个常用的数据库，如 Education Resource 和 Education Resource Information Center（ERIC）。高校图书馆定期举行的 1~2 天的图书馆资源使用培训，旨在教会即将开展研究的同学，如何寻找和登录数据库，如何在数据库中检索和下载自己想要的文献，以及在找不到的情况下如何寻求帮助等。使用图书馆资源是需要通过学习才能获得的技能。

二、检索符合研究主题的文献

在数据库中检索文献最常用的方法是关键词检索，同时使用关键词之间的逻辑关系来扩大或缩小检索范围。比如，常用的逻辑关系"and"和"or"：A and B 是指检索的文献需要同时包含 A 和 B 两个关键词，而 A or B，则是检索到的文献只包含 A 和 B 中的任意一个。数据库的高级检索功能和普通搜索引擎的检索功能相差不大，如限定文献发表时间、选择杂志、选择同行评议（经过了至少两位行业内专家的盲评）的杂志等。在文献检索过程中，同学们经常遇到的问题是检索范围太小，主要原因在于只检索了固定的关键词，而没有检索关键词所对应的同义词。例如，"偏乡科学教育"主题,在使用关键词"偏乡教育"和"科学教育"及逻辑关系"and"进行搜索时,能找到的中文文献数量不多。原因就在于检索文献时忽略了关键词的同义词,如"偏乡教育"也被称作"农村教育""偏远地区教育""不发达地区教育"等;而"科学教育"早先也叫"自然",或者也可以用学科名称作为关键词,如"化学"和"物理"。

因此,更加可靠的检索文献的方法是先列出研究主题里面的关键词,再把这些关键词的同义词也列出来,最后尝试使用不同的关键词及其同义词组合来检索文献。对于比较熟悉数据库或者有编程基础的同学,也可以通过下面的逻辑一次性完成检索。假设我们的研究主题包含 A 和 B 两个关键词,A 的同义词还有 M 与 N,B 的同义词包括 X、Y、Z,那么我们在检索文献的时候,可以使用(A or M or N)and(B or X or Y or Z)这种逻辑一次性把所有文献都检索出来。只有通过上述较为全面的方式检索出来的文献,才能比较客观地反映某个研究主题以往的研究成果。

通常来说,在数据库中通过对研究主题的关键词及其同义词组合的检索,能够找到的文献数量就十分庞大——几百篇、几千篇,甚至上万篇。这时我们可以使用高级检索中的筛选标准,对文献进行初步筛选。在筛选标准中,我们需要优先考虑的是与文献质量相关的标准。例如,选择经同行评议(Peer Review)的杂志作为质量保障的标准。通常来说,同行评议过的稿件,质量会比没有同行评议过的稿件质量要高。我们还可以通过筛选期刊来保障文献的质量。例如,通过在 Web of Science(大家所"津津乐道"的 Social Science Citation Index [SSCI] 就出自这个网站)和 SJR(Scimago Journal & Country Rank,网址:https://www.scimagojr.com)这类网站上查询期刊的评价,就能大概了解期刊的质量,然后就可以在检索的筛选

标准中选择质量较高的期刊了。我会推荐同学们阅读高质量期刊中的文献，它们通常更具参考价值。判断文献质量的另一条标准是文献的被引用次数，也叫被引量，高被引量也是文献质量的重要直观指标。因此，在筛选文献过程中，也可以按照被引量排序，审视有没有和自己研究相关的高被引文献，这些文献通常可以优先阅读。此外，在文献筛选的过程中，还需要优先阅读系统综述类（Systematic Review）的文献，这些文献能让我们快速了解某个研究领域。它们也非常容易识别，标题中会有系统综述（Systematic Review）、文献综述（Review）或者元分析（Meta-analysis）这三个标志性关键词其中的一个（文献综述的分类会在后面介绍）。

其他常见的筛选标准还包括研究发表的时间，比如，选择最近二十年的文献，通常近期的研究要比二十年前的研究更具参考价值（较早的经典研究例外）；文献语言（普遍为英语）；是否能下载全文等。在中文电子数据库检索文献时，情况有所不同。比如，在数据库的高级检索中勾选核心期刊及C-SSCI期刊来初步保障文献的质量。无论是中文数据库还是英文数据库，都需要同学们花时间对它们的功能和操作进行学习与实践。我相信大家能够使用网上购物平台买到自己想购买的产品，那也一定具备使用电子数据库找到和自己研究问题相关的文献的能力。

三、阅读文献题目与摘要—筛选符合研究主题的文献

通过上述较为全面的数据库检索与筛选，所得到的文献数量通常都不少，当然这也与研究领域的发展情况有关。如果只关注中文数据库，尤其是加上实证研究和C刊/核心期刊作为筛选条件，文献数量经常不太多，这时可能就需要修改筛选条件以纳入更多的期刊或者硕博士论文。

当初步检索完文献之后，就需要通过阅读这些文献的题目与摘要来进一步筛选了。有些文献只读题目就可以判断是否与我们自己的研究主题相关，但大多数文献还需要我们通过阅读摘要来进行判断。熟悉摘要的结构和写作方式可以大大提高阅读与筛选效率，摘要通常由7~8句话组成，内容主要包括以下六个方面。

  内容一，研究的背景信息与研究重要性（对应论文的引言部分，对于阅读摘要来说不重要）。
  内容二，过去的研究做了什么，还存在哪些问题（对应论文的文献综述部分，对于阅读摘要也不重要）。
  内容三，作者做了什么研究（对应研究问题）。
  内容四，研究是如何做的（对应论文的研究方法部分）。
  内容五，研究发现了什么（对应论文的结果部分）。
  内容六，研究结果意味着什么（对应论文的讨论部分）。

从内容上不难看出，为什么摘要通常都是7~8句话了，每一点内容对应一句话的总结，重点的地方写两句。清晰的摘要，会一一对应论文的章节，呈现出论文的结构——引言（包含研究问题）、文献综述、研究方法、研究结果和结果讨论五个部分。在具体写作方面，作者的习惯不同，期刊的要求也不太一样。比如，内容一至内容三可以写在一起，但大致上摘要都是差不多的。从阅读摘要的角度，我们重点关注作者做了什么（内容三），发现了什么（内容五）就足够判断它和我们的研究主题的关系了。

尽管如此，对于刚刚迈入研究领域的同学们来说，在摘要的7~8句话中找出对应上面这些内容的句子也不是容易的事情（有时候是摘要写的

有问题）。通常需要阅读几十篇实证研究的文献，才会建立起文章不同章节和摘要之间的联系。在阅读摘要时，标记每句话对应的论文章节是一个不错的练习，尤其是对实证研究的摘要结构和论文内容还不熟悉的同学。标记时，可以采用字母 I（Introduction）来标记代表引言的句子，字母 Q（Research Question）来标记代表研究问题的句子，字母 R（Literature Review）来标记代表文献综述的句子，字母 M（Method）来标记代表研究方法的句子，字母 R（Results）来标记代表研究结果的句子，以及字母 D（Discussion）来标记代表结果讨论的句子。当然，也可以使用自己的方式来标记摘要的内容，使用英文标题的首字母便于将来和正文中的标记符号保持一致。标记好摘要的内容后，就要分析文献与自己研究的相关程度了。这里最常见的问题是同学们认为找到和自己研究主题几乎完全一致，或者相似度很高的文献才是目的。试想一下，如果有和自己研究问题及研究方法都一样的文献，那我们很大可能只是重复别人研究过的东西。因此，只要关注了我们自己研究问题中的某个概念或者某一部分结果的文献，都是与我们相关的。比如，下面两个研究问题：

（1）大学低年级学生观看网络直播是否与他们的网络暴力倾向有关系？如果有，关系是怎样的？

（2）网络谣言是否在上述关系中起到了中介作用？

如果分别检索这两个研究问题里面的关键内容，比如，"大学低年级学生观看网络直播与他们网络暴力倾向的关系"，在中文数据库里面很难找到相似的研究（截至 2019 年春季）。与这两个研究问题相关的文献可以从以下几个方面检索。

（1）（大学生）网络暴力倾向的研究。

（2）大学生观看或参与网络直播的研究。

（3）网络直播和网络谣言的研究。

（4）关于网络谣言和网络暴力倾向的研究。

大家可以把自己的研究问题想象成一幅拼图，我们寻找的参考文献，就是拼图的一块块碎片。通过对每一篇文献的分析与总结，最终把这些碎片拼成完整的拼图，呈现出来的就是自己的研究问题在过去的样子。

作为导师，不能指望学生一入校就具备熟练阅读摘要，甚至研究论文全文的能力，也不能期待随着学生年龄的增长，他们在阅读方面的能力就会自然提高。阅读是需要培养的一项技能，这也是为什么我在本章一开始就如此强调开设基础阅读课程的重要性。通过阅读摘要能够确定哪些文献和自己的研究问题关系更加紧密，以此筛选出将要精读的文献，这些要精读的文献大多数会进入论文的参考文献列表。那么一般需要精读多少篇文献，才能写出符合要求的文献综述呢？答案是在不同的情况下，标准也不太一样。《会读才会写：导向论文写作的文献阅读技巧》一书中反复出现的数量是 60 篇，我也基本赞同这一数字，研究生毕业论文的参考文献列表里面包含 60 篇精读过的文献是合理的。[1] 对于本科毕业论文，我认为参考文献列表里面有 40 篇精读的文献就够了。一篇论文里参考文献的数量，可以在一定程度上反映出论文的水平。我在评审毕业论文时，都会先看一眼参考文献列表。如果一篇毕业论文的参考文献列表里只有寥寥几篇参考文献，那我会质疑作者是否了解自己的研究主题，以及研究的主题是否有

---

[1] 钟和顺.会读才会写：导向论文写作的文献阅读技巧[M].韩鹏，译.重庆：重庆大学出版社，2015.

意义。我在英文期刊评审稿件时也会这样做。在收到编辑发来的匿名稿件后，我总是先翻到参考文献列表，花几分钟查看列表中的文献，并初步判断这些文献能否反映出作者对自己的研究主题有深入的了解。例如，其中一个指标就是参考文献是否来自较可靠的期刊（一般进入盲审环节的稿件不会出现文献数量不足的情况，否则可能连编辑那一关都过不了）。

通过阅读摘要，同学们会筛选出和自己研究主题更为相关的40~60篇将要精读的文献。如何精读文献是本章的重头戏，也是书写文献综述所必要的准备之一。

四、精读文献并记录文献主要内容

练习精读文献时，要逐字逐句阅读，这是收集文献关键信息为将来书写文献综述做准备的过程，也是通过阅读来学习如何开展研究，以及如何写作研究论文的过程。如前所述，一篇科学研究论文通常包括引言、文献综述、研究方法、研究结果和结果讨论五个部分。但是很多同学在阅读社会科学，尤其是教育研究的中文文献时，往往很难分辨清楚文章的结构。主要原因是教育学在很长一段时间内，被当作人文学科来研究，绝大多数文献是所谓的"思辨研究"，科学实证研究的数量非常少。如果文献的结构不清晰，大家往往就需要更多的时间和耐心来阅读，从作者的字里行间寻找各个研究部分的线索。社会科学领域的英文文献绝大多数是实证研究，文献的结构与逻辑比较清晰，但对于很多同学来说，阅读英文文献本身就是一个相当大的挑战。权衡上述因素，我会要求研究生尽量阅读英文文献，本科生则要挑选质量相对可靠的实证研究与思辨研究来阅读。

大家按照个人阅读习惯来选择打印纸质文献还是阅读电子文档。阅读纸质文献需要准备的工具，在电子文档中也都有对应的功能，如下划线、高亮、注释等。以阅读纸质文献为例，请大家准备好文献，写字用的笔，荧光笔，以及文献信息记录表（表3-1）。相应地，阅读电子文档的同学也需要准备好文献，熟悉高亮标记，插入注释等功能，以及备好电子版的文献信息记录表。

表3-1 文献信息记录

文献	引言	文献综述	研究方法	研究结果	结果讨论

在精读文献时，我们需要参照论文的五个主要部分，把每一部分的重要信息都标记和提取出来。在第一列文献中，按照自己研究领域的参考文献格式（如教育和心理研究通常使用APA格式）将参考文献信息整理好。这样可以在撰写文献综述的时候直接把这条参考文献信息复制到论文的参考文献列表中。可能很多同学更喜欢使用Endnote等文献管理工具自动插入参考文献，但有些文献在导入管理工具的过程中会出现格式问题或者内容丢失，插入文章后回头还是要逐条在文献列表中修改。建议大家在导入文献时，就对参考文献格式进行检查与修改，一劳永逸。接下来，我们将重点讨论引言、文献综述、研究方法，研究结果和研究结果讨论的阅读与记录。

（一）引言

引言部分需要标记和摘录的最重要的信息是研究问题。研究问题在英文文献中一般以十分醒目的形式出现在引言的末尾（期刊论文一般出现在引言和文献综述的复合体末尾），例如：

（1）What is the empirical evidence for supporting the unidimensionality, reliability, and validity of the instrument for assessing student CCs across grade levels and times?

（2）What is the evidence for suggesting further improvements of the instrument?（Yang, He, & Liu, 2017）

研究问题的主要特征是以问号结尾，除此之外，整篇论文中几乎没有用到问号的地方。多个研究问题一般会标有数字序号，这些都是我们迅速找到研究问题的线索。因为在期刊论文中，研究问题出现在引言和文献综述之后，有经验的阅读者会直接找到研究方法的标题。在标题上面，通常就是研究问题。除了以明显的问题的形式存在，研究问题也会以陈述句的形式出现，如研究目的或研究假设的陈述。研究问题引导整个研究的开展及论文的写作，如果研究问题不明确，或者不够清晰和具体，甚至会影响到读者对论文的阅读。因此，在引言部分最重要的信息就是研究问题，我们可以用"RQ（Research Question）"标记它们，然后将它们摘录到文献信息记录表的第二列引言部分。有一些社会科学领域的中文文献没有提供清晰的研究问题或者研究目的，这不是一个好的现象，读者可能需要花更多的时间来识别作者想要研究什么，或解决怎样的问题。

引言部分除了研究问题以外的内容可能看似繁杂，包括对政策、现象和问题的描述，但无论描述什么内容，核心目的都只有一个，就是凸显研究问题的重要性，或者说是解释为什么要做这样一个研究？是否能够说服读者，让他们也认为研究是重要的、有意义的，是评判引言质量（除研究问题以外的部分）的核心标准。阅读引言时，可以问一下自己，是否认可作者提出的研究重要性，然后做标记（如打钩或者打叉）。在引言部分，研究问题以外的内容通常是不需要摘录的。这里同学们经常出现的问题是，直接引用他人文献中引用的内容，即二次引用。听上去有些拗口，举例来说，A文献引用了B政策的内容，我们在阅读A文献时，发现B政策恰好也可以为我们所用，于是我们把A文献中B政策的内容原封不动地引用到自己的论文中，然后在参考文献列表中加入B政策的标准引用格式。更有甚者，在参考文献列表中直接放入A文献，因为政策B的内容是在A文献里看到的。这两种方式都不恰当。正确的做法是，从A文献的参考文献列表中找出B政策的出处，找到B政策的原文，认真阅读政策性文件，然后总结和自己研究相关的内容，重新组织语言，最后在参考文献列表中加入B政策的标准引用格式。

（二）文献综述

一篇论文的文献综述部分往往容易被读者忽视，大家似乎急于从一篇论文中寻找研究是如何做的，发现了什么，而对作者总结的以往研究成果不那么感兴趣。如果说引言部分是从表层或宏观的角度展示了研究的重要性或意义，文献综述部分则是从深层（研究层面）或微观的角度阐释研究的重要性。因为引言和文献综述有共同的目的，即呈现研究的重要性，在很多情况下（尤其是期刊论文的篇幅限制下），引言和文献综述是可以合二为一的，然后提出研究问题。研究问题之后，紧跟着是研究方法，绝大

多数期刊论文都是如此。由于本科和研究生的毕业论文通常是没有篇幅限制的，我们希望看到学生对研究重要性更深入和翔实的阐述。因此，研究问题往往出现在引言之后，然后才是文献综述。这样做的好处是，不会让读者已经读了几十页的论文，还不知道作者要研究什么。因此，无论文献综述是和引言合为一章，还是放在引言之后成为独立的一章，它的内容和重要性是不会改变的。

在文献综述部分，大家会读到非常多的引用内容，如谁谁谁做了什么，发现了什么，或者哪些作者支持 A 观点，哪些作者支持 B 观点。大家在阅读时需要区分清楚：哪些内容是对过去研究的总结（Summary of Previous Literature，SPL），通常总结会作为段首句，起到概括整段研究结果的作用；哪些内容是对过去研究的评判（Critic of Previous Literature，CPL），通常是对过去研究问题、方法或结果的评价；哪些内容是指出过去研究存在的问题或者空白在哪里（Gaps，GAP）。以上三部分内容组成了文献综述，也反映出文献综述的写作逻辑，即总结过去研究的发现（SPL），评判过去的研究发现（CPL），指出过去研究的不足与空白（GAP）。正是因为有了这些不足与空白，我们才需要新的研究来推进这一领域研究的发展。在这里，作者通常会基于以上三点，进一步明确和解释自己的研究为什么很重要或者有意义，即研究合理性（Rationale，RAT），并将其作为文献综述的最后一部分。

在阅读文献综述时，我们要标记和摘录的内容就是上面的 SPL – CPL – GAP – RAT（本书编码符号参考了《会读才会写：导向论文写作的文献阅读技巧》中的部分符号❶）。在标记和摘录这些内容的时候，也能清晰地

---

❶ 钟和顺. 会读才会写：导向论文写作的文献阅读技巧 [M]. 韩鹏, 译. 重庆：重庆大学出版社，2015.

看出作者在文献综述部分的逻辑，首先总结与呈现之前的研究都做了什么，有什么发现，接下来顺理成章地评判这些文献，有什么不足，哪些问题还没研究，于是很自然地过渡到研究的不足与空白，以此来说明我们自己研究的合理性与重要性。在阅读文献综述时，我们还需要关注作者综述的文献的范围，包括时间范围与内容范围。时间范围是指参考文献的发表时间，除了历史上的经典研究与文献，距离我们研究时间越近的文献，比如，近五年的研究文献，就比较重要。因此，评价研究文献综述质量的其中一个指标就是，是否引用了足量的近五年或十年的相关研究。内容范围是指研究问题所涉及的关键概念、变量和关系等，是否都已经在文献综述中得到了全面的总结。换句话说，文献综述的内容能否支持研究问题所包含的全部概念、变量和关系。例如，我们的研究问题：

> 小学高年级学生、小学职前教师和小学在职教师的条件推理能力是怎样的？

针对这一研究问题，我们需要对下列问题进行综述。
（1）研究条件推理能力的文献（如条件推理的概念界定，条件推理能力的测量等）。
（2）研究小学生、小学职前教师和小学在职教师的条件推理能力的文献。
（3）研究条件推理能力随年龄发展的文献。

文献总结中，参考文献时间和内容的广度与深度直接影响作者对过去研究的评判是否可信，进而决定了研究者指出的过去研究的不足和空白是否精准和可靠。这里同学们经常出现的问题就是阅读的文献太少，导致提

出的很多过去研究的不足和空白不准确或不可靠。比如，有的同学只阅读了2000年左右的研究文献，就指出目前研究还存在这样那样的空白，很有可能这些空白在2010年后的研究中已经得到了研究；还有的同学只阅读了针对大学生和中学生的研究，就断定针对小学生的研究还是空白，但更有可能的是阅读的范围太窄，还没有读到针对小学生的研究。以上这些问题都是可以通过阅读更多的文献来解决的，这也是为什么一篇论文的文献综述列表可以在一定程度上反映出论文的质量。

阅读论文的文献综述部分，除了标记和摘录SPL、CPL、GAP和RAT，对于和我们自己研究相关，尤其是关系比较大的参考文献，可以记录下来，方便在日后找原文阅读，即反向检索。除此之外，出现在文献综述里面的与自己研究相关的重要概念和理论，也可以记录下来。这样做一方面可以让我们对自己研究领域有更深入的理解，另一方面也可以在自己的研究中，选择合适的概念和理论来使用。

截至目前，我们阅读了一篇论文的引言和文献综述。无论这两部分是合在一起（常见于期刊论文）还是分成两章（毕业论文），它们的目的是一致的，都是建立研究的重要性或者意义。因此，综合上面的内容，我们可以得到以下公式：研究的重要性（Significance，SIG），SIG = 现象/问题 + 政策 + …（引言部分）+ SPL + CPL + GAP + RAT（文献综述部分），这些都交代清楚以后，就可以顺势提出研究问题RQ。论文的逻辑结构也是按照这一顺序展开的。在阅读和摘录时，搞清楚这一逻辑顺序，会方便我们理解整篇论文，也让我们在评判论文的质量时有据可依。既然提出了研究问题，那么研究问题的重要性也就得到了论证。接下来，就该考虑如何回答研究问题了，这也就是论文的下一个部分，研究方法。

（三）研究方法

一篇实证研究论文的研究方法部分需要包含以下几个方面内容。

（1）研究方法概述。陈述所使用的具体研究方法，如量化研究中的调查和实验，或者质性研究中的扎根理论等，并根据所选择的研究方法，介绍方法本身及其与研究问题之间的联系。

（2）研究对象（Sample，SAM）的详细描述。研究对象可以是人（常见于社会科学研究），也可以是物（如系统综述的研究对象就是过去的文献）。

（3）研究工具，即数据/信息收集工具（Instrument，INS）的详细描述。研究工具在社会科学领域可能是调查量表，在自然科学领域可能是精密的实验仪器。

（4）研究流程，即数据/信息分析过程（Procedure，PRO）的详细描述。

对研究方法清晰详细的描述，反映了科学研究的透明性与可重复性。尽管绝大多数社会科学研究（如教育研究），即使有对研究方法的详细描述，也很难实现分毫不差的重复研究。但是清晰翔实的研究方法有助于研究者对研究结果的理解，使研究结果可以在领域内累积和迭代，推动整个研究领域的发展。比如，有研究发现效果高效的教师职业发展项目往往具有以下五个特点。

（1）主动的参与式学习。

（2）只聚焦一个内容（可以是教师的学科知识，或者学科教学知识）。

（3）与教师的信念，学校的目标保持一致。

（4）足够的有效参与时间。

（5）形成稳定的学习群体。

通过多项后续研究，研究者在不同情况下（如研究对象可以是小学或者中学教师，学科可以是语文，也可以是科学；在不同的国家和地区开展研究等）采用相对一致的框架和方法进行研究，均得到了类似的研究结果，并且研究结果各自又具备自身的特点，那么上述特点就会逐渐被更多学者认可，并应用于教师职业发展项目的设计。

值得一提的是，国内许多社会科学领域的研究文献，如教育研究领域，仍旧是以个人经验为基础的思辨式研究，它们往往缺少清晰的研究问题、充实的文献综述和规范的研究方法（对中国 2002—2011 年全部教育领域期刊文献的系统综述，以及作者对 2012—2021 年教育领域期刊文献的系统综述[1]）。尽管近年来，我国教育实证研究的呼声越来越高，也有越来越多的实证研究出现在学术期刊中，但整体上思辨研究仍然占据主体地位。[2] 我并不反对思辨，什么形式的研究都需要思辨的参与。但是从长远来看，以思辨研究为主体不利于该研究领域整体的发展与提升。另外，在中文文献的研究方法部分值得关注的还有为数不少的迷思概念。例如，文献法是研究论文中经常出现的研究方法之一。[3][4] 文献法就是一个不恰当的表述，最为常见的描述性综述通常是作为论文的文献综述部分，是每一篇论文所必需的内容，通常不会单独成文，因此不能算作研究方法。综述中

---

[1] ZHAO J, BECKETT G H, WANG L L. Evaluating the Research Quality of Education Journals in China: Implications for Increasing Global Impact in Peripheral Countries [J]. Review of Educational Research, 2017, 87（3）: 583-618.

[2] 高耀明, 范围. 中国高等教育研究方法：1979—2008——基于CNKI中国引文数据库（新）"高等教育专题"高被引论文的内容分析 [J]. 大学教育科学, 2010（3）: 18-25.

[3] 丁洁. 我国高等教育现行研究方法分析 [J]. 高教探索, 2005（4）: 77-80.

[4] 钟秉林, 赵应生, 洪煜. 我国高等教育研究的现状分析与未来展望——基于近三年教育类核心期刊论文量化分析的研究 [J]. 教育研究, 2009, 30（7）: 14-21.

的另一个家族——系统综述，才能够被算作研究方法。由于系统综述要求尽可能穷尽某个研究领域内的研究，而目前各个领域的研究主体基本是由英文文献所组成，因此中文的系统综述是罕见的。系统综述的研究对象是过去的文献，而具体的研究方法则可分为质性的综述和量化的综述，量化的综述也叫元分析。❶

回到研究方法的阅读，对应上面提到的研究方法的主要组成部分，我们需要标记和摘录的内容也分为四个部分。

（1）具体研究方法。即使用一个短语来描述研究的具体方法是什么，质性还是量化，调查还是实验，或者是扎根理论、叙事研究等。

（2）研究对象（Sample，SAM）。关于研究对象的标记和内容摘录，我们通过选择关键词的方式来完成。以教育研究为例，这些关键词包括但不限于：①取样方式（随机取样、便捷取样等）；②样本数量；③样本地区（城市、农村）；④学校类型（私立、公立）；⑤年级（小学、初中、高中）；⑥课程类型（如果有语文、英语、科学等）；⑦其他信息（如种族、家庭社会经济情况等）。

（3）研究工具（Instrument，INS）。对应研究涉及的所有收集数据/信息的具体工具，包括但不限于：调查研究中的问卷、访谈提纲、量表（如压力、学习兴趣等）；认知神经科学中的眼动仪，近红外成像技术；材料科学中的扫描电镜、质谱等。每个研究领域都有自己（特有的）收集信息的工具和方式，以及质量评价标准。以教育研究为例，用于测量潜在变量（无法直接观察到的变量，如上面提到的压力指数、学习兴趣等）的量表通常比较复杂，研究中对量表的质量要求较高，因为准确测量是这类研

---

❶ GOUGH D，OLIVER S，THOMAS J. An Introduction to Systematic Reviews（2nd ed.，）[M]. Los Angeles：SAGE，2017：6.

究的基础，原则上开发和验证量表工具就可以作为独立的研究存在。❶ 如果只是使用量表进行研究，通常不需要自己开发量表，而是使用以往研究中经过反复验证和实践的成熟的量表，或者在这些量表的基础上进行细微的调整以适应自己的研究。

以上做法的主要目的是保障研究中测量的质量，也就是测量的信度和效度。简单来说，信度是测量稳定性（也叫精确性）的指标，即测量工具不会随着时间或者测试对象的变更（这里的测试对象是指同类对象的不同群体，如成绩相差不大的 A 校五年级学生和 B 校五年级学生）而出现较大的测量结果波动；效度是测量准确性的指标，即测量工具是否能够测量到我们想要让它测量的潜在变量。效度听上去有些啰嗦，举一个例子就容易理解了。比如，我们想要知道初二学生的英语笔试能力，我们就应该使用一套五年级英语试卷（不含听力）而不是语文试卷。大家可能会说，这不是废话，谁会用英语试卷来考语文啊？如果换一个场景，我们想了解被试的抑郁状况，那该用什么样的方式和问题呢？怎么能保证测量抑郁程度的问卷的精确性和准确性呢？这些问题留给大家去思考，这里就不展开讨论了。我们在标记和摘录研究工具的内容时，要包括以下几点：①研究工具的名称和出处（工具来自以往的哪个或哪些研究）；②信效度的保障（如工具在以往研究中的各项信效度指标，以及在本研究中的信效度指标）；③对工具内容的简要介绍（包括例子）和修订的内容。

（4）研究流程（Procedure，PRO），是指研究中分析数据/信息的过程。比如，通过访谈面对面和被试进行交流并收集到了交流的信息，在分析对

---

❶ YANG Y, HE P, LIU X. Validation of an Instrument for Measuring Students' Understanding of Interdisciplinary Science in Grades 4-8 Over Multiple Semesters: A Rasch Measurement Study [J]. International Journal of Science and Mathematics Education, 2017, 16（4）: 639-654.

话内容的过程中，可以采用自上而下、有理论框架指导的编码方式（演绎）；也可以采用没有理论框架指导，自下而上的归纳式的编码方式。对于文字信息等质性数据，基本上是采用上述两种分析方式中的一种，或者混合使用。如果收集到的数据是数字化的量化数据，那么则使用数学统计方法进行分析，按照统计分析方法，可以分为 t-检验、方差分析、回归分析等。在标记和摘录研究流程的内容时，也只需要记录上述关于数据分析的关键词就可以了。

标记和摘录好研究方法部分的关键信息后，我们可以回过头总结一下：研究方法（包含概述）= SAM + INS + PRO，也就是说，只有将研究样本，数据收集与分析过程组合在一起，才是对某一个研究方法完整的描述。在这个层面上讨论的研究方法，指的是量化研究（研究方式）中实验设计与调查设计（研究方法/策略）、质性研究（研究方式）中的扎根理论、个案分析、民族志等（研究方法/策略），以及混合研究（研究方式）中的顺序法，并行法和转换法（研究方法/策略）。❶ 关于研究方式，研究方法/策略，和研究分类的界定与详细描述见下一章。论文的研究方法部分究竟质量如何？除了要全面介绍研究对象的特点，阐明研究工具的信效度，明确和规范数据收集和分析流程，更重要的是关注它们与研究问题之间的关系。即通过对研究对象（SAM）使用工具（INS）进行数据收集和数据分析（PRO），是否能够回答前面提出的研究问题。如果可以，就可以在这部分打一个钩。如果认为存在疑问，就可以标记一个问号或者一个叉号。自己在写研究方法部分的时候，也需要同样注意上面这些问题。

---

❶ CRESWELL J, CLARK V, GUTMANN M, et al. Advance Mixed Methods Research Designs. In TASHAKKORI A, TEDDLIE C.（Eds.）Handbook of Mixed Methods in Social & Behavioral Research [M]. Thousand Oaks：SAGE Publications，2003：210-240.

（四）研究结果

研究结果（Results of the Research，ROR）似乎是整篇论文中最直白的部分了。这里要呈现的就只是研究的直接发现，即按照上一章研究方法中的内容实施研究后，我们有了哪些发现。这看似简单的部分在很多论文，尤其是毕业论文中，显得十分混乱。最常见的问题是分不清楚哪些内容是研究结果，哪些内容是对研究结果的讨论，哪些是作者自己的经验或者观点。研究结果部分只客观呈现研究的主要发现，不做讨论和评判。研究主要发现包括能够回答每一个研究问题的事实证据，在客观地呈现这些证据时，不掺杂个人经验或者观点。比如，当呈现某班级同学的身高分布这一发现时，需要呈现的内容就是该班级同学身高的统计结果（如平均身高、标准差等描述性结果），可能还需要配合图表来呈现具体数据或者数据分布情况。这时可以对比班级中男生女生的身高分布有什么差异，但是如果开始讨论该班级同学的身高和我国人口普查的平均身高相比是高了还是矮了，显然已经跑题。如果开始思考产生上述身高分布的可能原因是什么，并给出了如饮食习惯等猜测，那就已经完全超出了研究结果的范畴（这可以看作自己的经验或者想法）。

在阅读研究结果时，我们需要标记和摘录的内容可以根据研究问题进行梳理，记为 ROR-RQ1 和 ROR-RQ2，即针对研究问题一的结果和针对研究问题二的结果。在阅读时重点关注研究发现每一段的总结性句子（通常出现在段首的第一句），这些句子能够帮助大家通俗地理解研究发现了什么。有时即使大家看不懂图表里复杂的统计分析结果（量化研究），也可以从研究发现的总结性句子中大概了解研究的主要发现。综上所述，评判研究结果部分质量的标准包括以下方面内容：①研究结果是否与研究问题相一致；②研究结果是否与研究方法相一致；③是否客观呈现了研究发现；④结果呈现是否清晰、有条理。在梳理研究结果时，使用研究问题作为框架是比较直观和简便的做法，在书写研究结果时，也可以使用这种方式。随着对论文阅读和写作越来越熟悉，也有很多其他呈现研究结果的方式可以选择，如按照时间顺序，或者按分析的复杂程度依次呈现研究结果。在阅读时，可以根据上面四个方面给研究结果部分打分。在自己写作研究结果部分时，也不妨按照上面这几点标准来规范研究结果的写作。

（五）结果讨论

这一部分通常在论文中被简称作讨论，但我习惯用"结果讨论"来命名，以明确接下来要介绍的内容。讨论是基于文献综述与研究结果的，通常以简要总结自己的研究发现作为开始，然后联系过去的研究发现（对应文献综述部分，大部分联系到的文献都应该在文献综述中出现过，这也是文献综述如此重要的原因之一），进行对比分析。对比分析的结果主要分为两类：一类是与以往研究发现类似的研究结果（Research of Consistent results，RCR），另一类是与以往研究发现出现差异的研究结果（Research of Inconsistent Results，RIR）。对于类似的发现，讨论中一般不会做太多解释，除非和以往的研究相比，当前研究在某些方面存在较大的差异（比如说研究设计或者数据分析方式上）；对于和以往研究不一致的发现，或者以往研究没有发现的内容，我们需要推测和解释为什么可能发生这样的情况（Interpretation，INT），即解决当前研究结果与之前研究发现之间的冲突。解释原因常见的语句如"这些结果可能表明……有可能是因为……一个替代性的解释是……"。当然，推测不是完全根据自身经验或者猜想，而是主要依据以往相关的研究结果或者理论做出的合理解释。在原因解释部分，如果文献综述无法提供足够的结果和理论参考，那就需要补充相关的文献内容。从这里我们不难看出，结果讨论和研究结果在文章中存在一

个非常直观的区别，那就是研究结果部分几乎不会引用任何参考文献，而结果讨论部分会引用大量的参考文献。

对研究发现的总结，与以往研究结果的联系（对比呈现一致与不一致的发现），对对比分析结果解释的目的只有一个，那就是全面且正面地回答研究问题。比如，研究问题中如果问了 A 与 B 之间的关系是怎样的，那在讨论部分就需要基于当前研究发现和以往研究发现，在大的研究结论的背景下（以往研究的发现），结合自己的研究发现和特点，来回答 A 与 B 之间的关系是怎样的；如果研究问题是问为什么会产生某种现象，那么讨论部分就需要基于当前研究发现和以往研究发现，进行合理的推测，解释现象发生的可能原因。因此，判断讨论部分质量的重要因素除了上面包括的结果总结，联系以往研究，给出合理解释之外，还需要关注作者的讨论是如何回答研究问题的（Answer to Research Question 1，RQ1-ANS），以及能否回答研究问题（答案是否能让读者信服）。我们在阅读时，需要标记和摘录的内容包括上面提到的 RCR, RIR, RQ1–ANS 和 RQ2–ANS。在标记和摘录时，重点关注每一段话总结性的关键句子。

结果讨论部分的主体是回答研究问题，除此之外，也包括对研究局限性的陈述和对未来研究的建议。这两部分内容虽然篇幅短小，但在阅读过程中也是非常重要的。任何研究都存在自己的局限性，局限性可能来自样本的选择，信息的收集过程或者分析过程等环节。由作者自己指明研究存在的局限性，可以避免审稿人和读者对研究产生疑问。对未来研究的建议，是部分基于本研究的局限性，也是部分基于本研究的发现，以此给出有价值或值得研究，但还没有研究的方向或内容。阅读这两部分可以让读者快速地对研究什么问题及每种研究的局限性有所了解，帮助自己找到研究问题。有许多研究也会在最后基于研究发现就政策或者实践给出相应的建议，但这些内容通常都不在摘录范围内。

综合上面的阅读标记和摘录内容，以《教师学科教学能力模型的建构——基于扎根理论的 10 位特级教师的深度访谈》这篇文献为例[1]，表格中需要摘录的具体内容（对应文章中标记的内容）见表 3-2。如果出现文章中没有提及的主要内容（如 INT 缺失），也需要在记录表中写清楚。需要注意的是，文章的篇幅较短，研究结果与讨论部分是写在一起的，讨论中出现了两次回应与过去研究一致的发现（RCR），一次与过去研究不一致的发现（RIR）。

表 3-2 《教师学科教学能力模型的建构——基于扎根理论的
10 位特级教师的深度访谈》文献总结

前言	韦斯林，王巧丽，贾远娥，陈飞霞.教师学科教学能力模型的建构——基于扎根理论的 10 位特级教师的深度访谈 [J].教师教育研究，2017，29（4）：84-91.
引言	本文以一线教学专家为对象，通过深度访谈收集资料，借助扎根理论的方法进行归纳，提炼学科教师教学能力结构要素，期望能为学科教师的培训及学科教学能力的测量提供指导 RQ（目的陈述）
文献综述	（1）针对学科教师的学科教学能力的实证研究相对较少 （2）学科教学能力被"边缘化"，视为教学能力的一个特例，其体系往往从教学能力演绎而来，缺乏以学科教学能力为核心的、自下而上的归纳 （3）学科教学能力的类别以具体教学操作划分，要素繁杂零碎、缺乏统整、难分主次 （4）相较而言，国外对学科教学能力的理解比较丰富、完整，既有知、行，又有意、情，同时包含发展要素，而国内则侧重在知、行方面 SPL+CPL+GAP
研究方法	研究方法：扎根理论 研究对象：10 位中学特级科学教师 SAM 研究过程：半结构化访谈，采用三级编码 PRO INT?

---

[1] 韦斯林，王巧丽，贾远娥，等.教师学科教学能力模型的建构—基于扎根理论的 10 位特级教师的深度访谈 [J].教师教育研究，2017，29（4）：84-91.

续表

研究结果	教师学科教学能力包括本体要素、工具要素、条件要素、实践要素、情意要素、发展要素这6个核心要素集合。实践要素处于中心，又与其他各要素相互联系、相互作用（建议复制图3）。本体要素是基础，工具要素既是支撑，条件要素是关键，实践要素是核心，情意要素是保障，发展要素是催化。只有完整理解学科教学能力的构成要素及其功能，才能完整地实施教学活动、全面落实教学目标、有效提高教学效果，把学科教学能力培养成"有骨有肉""有情有义"且不断发展、富有"生命力""生态化"的一种教师专业素质。ROR
讨论/结论	条件要素……告诉了学科教师所要教的内容在什么条件下、以什么方式更好地传递给学生，即学科的教育学解释或学科内容的"心理学化"。实践要素是教师最为关注、也最有作为的领域，是各种成分的"大染缸"，显现出教学的科学与艺术的统一。RCR 在既往的许多教学能力模型中，这（情意要素）方面显然是被忽视了，RIR 而国外关于教学能力的模型大都涉及了这方面。RCR 研究对象还可扩大到不同教龄、不同学科以及不同能力水平的教师……这些问题还有待下一步的深入研究。未来研究建议

将文献每一部分（引言，文献综述，研究方法，研究结果，结果讨论）的标记符号梳理出来，可以组成如下图所示的研究论文框架（如图3-1所示）。其中，实线部分是需要标记和摘录到表格中的主要内容，虚线部分也是论文必要的组成部分，但在阅读时是否需要标记与摘录，就可以按照个人需求来决定了。论文的逻辑顺序按照单向箭头指示的方向展开，从引言到最后的研究局限性和对未来研究的建议（属于研究结果讨论）。双向箭头代表论文章节间相互对应关系，或者叫一致性关系。第一，研究问题的确定主要是通过文献综述（这里容易产生的误解是，导师往往更容易"想"出一个研究问题。因为导师往往有大量的阅读积累，从表面上看，好像没有特意去做很多阅读就找到了研究问题）。第二，研究问题与研究方法、研究结果和结果讨论之间都需要保持一致。如果满足了这一条件，研究方法、研究结果和结果讨论之间就达成了统一。第三，如前所述，结果讨论还需要和文献综述的内容保持一致。

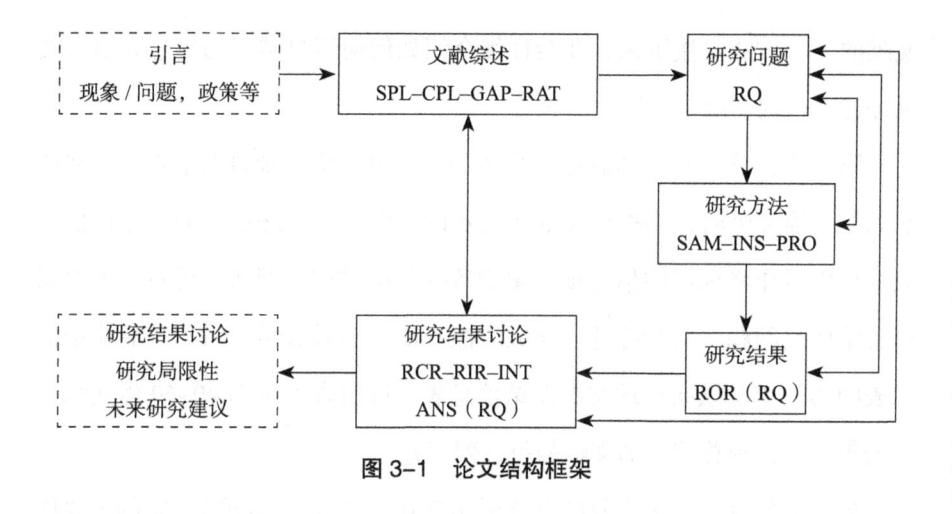

```
┌─────────────┐      ┌──────────────────┐      ┌──────────────┐
│    引言     │─────▶│    文献综述      │─────▶│  研究问题    │◀──┐
│现象/问题,政策等│      │SPL-CPL-GAP-RAT   │      │     RQ       │   │
└─────────────┘      └──────────────────┘      └──────────────┘   │
                              ▲                        │          │
                              │                        ▼          │
                              │                ┌──────────────┐   │
                              │                │  研究方法    │   │
                              │                │SAM-INS-PRO   │   │
                              │                └──────────────┘   │
                              │                        │          │
┌─────────────┐      ┌──────────────────┐              ▼          │
│研究结果讨论 │      │  研究结果讨论    │      ┌──────────────┐   │
│研究局限性   │◀─────│  RCR-RIR-INT     │◀─────│  研究结果    │───┘
│未来研究建议 │      │   ANS (RQ)       │      │   ROR (RQ)   │
└─────────────┘      └──────────────────┘      └──────────────┘
```

图 3-1　论文结构框架

　　尽管有上面的结构框架帮助大家理清论文的结构，有文献标记和摘录的信息表例子作为参考，大家在刚开始时想要正确标记论文中的内容，准确摘录重要的信息，按照合适的格式整理好文献信息记录表，也不是一件容易的事情。在导师的指导下，反复练习或者对选定的几篇范文进行逐字逐句的反复研读，对于掌握这项阅读技巧都是至关重要的。当我们可以熟练地标记和摘录文献重要信息以后，就可以将每一篇和自己研究相关的参考文献的重要内容都总结到信息表中。最后，我们会有40~60张表格（对应的本科毕业论文40篇左右的参考文献，研究生论文60篇左右的参考文献），可以开始准备书写文献综述了。

第二节　毕业论文写作篇

　　根据自己的研究主题检索文献、筛选文献、阅读文献，总结文献信息，最终把厚厚的一叠文献（40~60篇）总结为40~60页（一般一篇文献对应一页表格）的信息表，是精读文献要完成的任务，也是高效阅读学术

文献的一种方式。接下来，我会详细介绍如何使用总结好的信息表书写文献综述，过程一般分为以下三步。

第一步，分别罗列和总结信息表的每一列（纵向梳理与总结）。阅读和总结一篇文献时，是按照图 3-1 所示的单向箭头顺序进行的。这在信息表里可以看作将标记的信息横向填满每一行的过程，即从左至右，依次阅读总结研究问题、文献综述、研究方法、研究结果和结果讨论。而使用信息表的第一步是纵向梳理文献总结信息表，即包含了全部 40~60 篇文献信息的集合，分别总结全部文献的每一列信息。

第一列信息是参考文献的标准引用格式（如 APA 格式），它的主要作用是将来可以复制和粘贴到论文的参考文献列表中。因此，在这里，我们往往需要把从网上直接复制来的参考文献信息按照标准要求进行检查和调整，有时直接复制过来的内容并不是准确无误的。除此之外，我们无须对这一列信息做更多的处理。

第二列信息是每一篇文献的研究问题。通过对这一列信息的总结，我们可以较为清晰地了解以往研究都关注了哪些问题或主题。尽管通过自动的关键词分析（如使用 CiteSpace 对关键词进行分析），我们也可以在一定程度上了解以往研究的关注点，但是相较于直接分析和总结研究问题，它的可靠性与准确性还是远远不够的。大家可以回顾文献筛选的过程，当一篇文献的关键词和题目都符合我们的要求时，我们也很有可能通过阅读摘要和正文，发现这篇文献和我们自己的研究关系不大。对信息表中的全部研究问题进行总结工作量不大，以每篇文献平均两个研究问题来计算，总共要分析和总结 80~120 个研究问题。我的习惯是先把这些研究问题从信息表复制到一个文档中并编号（同一篇文章的问题共用一个数字编号，子问题用 a，b，c……区分，如 1a，1b，2a……），然后根据研究问题的内容对这些问题进行分类。当然，分类方式不是固定的，我们只要统一分类方式并应用在全部研究问题上就可以了。分好类以后，就可以按照分类对这些研究问题进行归类和总结，简要描述过去都研究了哪些问题。

第三列是文献综述。在这一列，我们摘录的主要内容是以往研究中，文献综述部分的 SPL、CPL、GAP 和 RAT。因为我们不能直接引用他人引用过的内容，即二次引用（如前所述，如果这里面有我们需要的内容，要通过参考文献列表，找到原文献阅读并加以总结和引用）。信息表中这一列内容不会直接出现在文献综述的写作上。总结这一列内容主要有两个目的：其一是学习文献综述的写法，其二是反向检索重要信息。通过关注文献综述中 SPL–CPL–GAP–RAT 的逻辑顺序，分别检查 SPL 是否全面；CPL 是否与 SPL 保持一致；GAP 是否合理，同时与 CPL 和 SPL 保持一致；RAT 是否有说服力，并与 GAP 保持一致。这里保持一致的意思是后者基于前者的内容，前者可以充分支持后者，并且后者不会超出前者的范围。例如，研究空白（GAP）的提出是基于对过去文献的总结（SPL）和评判（CPL）。换句话说，只有清楚地知道过去研究都做了什么，做得怎么样，才会知道有哪些内容值得研究但还有没有研究，这是提出 GAP 的基础。我通常会按照年份把 GAP 的内容复制到一个文档中，看看哪些空白已经逐步被研究填补，哪些空白依旧存在，哪些空白引起了研究的广泛关注，哪些空白可能相对冷门。厘清这些内容，对我们自己的研究方向也具有指导作用。

信息表中对于文献综述的总结能够为我们的研究提供文献与理论支持。其中，文献综述可以帮助我们快速找到和自己的研究关系较为密切的其他研究，尤其是反复出现的重要文献。将这些文献通过参考文献列表检索出来，就是所谓的"反向检索"，这是文献检索过程中不能缺少的重要

环节。与此同时，为一个研究找到合适的理论支持或者理论框架，也不是一件容易的事情。通过梳理以往研究的文献综述部分（通常理论和理论框架都包含在这一部分），能够帮助我们快速了解该研究领域常用的理论，以及它们是如何被使用的。从这个过程中，我们可能可以直接找到和自己研究相关的理论。

第四列是研究方法。这一列包含四个方面的信息，对于读者学习某一研究方法，以及在这一方法下如何选择样本，收集数据和分析数据很有参考价值，还可以帮助我们从研究方法的角度，即从样本选择、数据收集和分析的角度，来理解和评价一个研究的优势与不足。对于研究方法的总结，可以在罗列每一篇研究中研究方法的四个方面的基础上，分别对每一个方面进行分类和总结。通过对整体研究方法进行总结，可以快速了解该研究领域主要使用何种方法进行研究，是以质性研究还是量化研究为主，调查和实验的比例都是多少。通过对研究样本（SAM）的分类与总结，如城市学校和乡村学校，中小学生和大学生等，我们可以了解过去研究较多的群体及被较少关注的群体，以及各个群体都具备哪些特点。

研究工具（INS）主要包括收集研究数据的各类工具，如调查中测量各种潜在特质的量表。通过对研究工具的分类和总结，如按照测量的特质（如学习动机、知识能力等）对工具进行分类、整理和收集，一方面可以让我们全面掌握过去研究中所使用过的数据收集工具，另一方面也能够积累相关的工具在我们自己的研究中来参考或者使用。除了将工具分类和收集以备将来之用，在总结工具相关信息时，还需要关注工具的信效度指标，区分哪些工具具有完善的信效度指标，哪些没有（有时候需要找到量表的出处来进行判断）。对于有完善指标的工具，它们的质量和参考价值要高于没有完善指标的工具。在收集工具的同时，也要把量表信效度的情况注释好。数据分析方法或流程（PRO）的内容可以按照具体的数据分析方法来分类。比如，量化研究中的各种统计方法（t-检验，相关分析等）及质性研究中的自下而上或自上而下的编码。

第五列是研究结果。这一列信息用于判断文章所呈现的研究结果是否与研究方法保持一致，即按照研究方法的描述能否得到这些结果，研究结果的呈现是否客观与合理，研究结果是否与研究问题保持一致，即研究结果能够回答研究问题，同时又不会产生与研究问题不相干的信息。根据前文的描述，研究结果只呈现客观事实，不涉及对事实的评判与推论。因此，研究结果作为过程性信息（回答研究问题的证据，但不是直接答案），通常不会出现在文献综述的书写中，我们不会看到某篇论文的文献综述部分罗列出大量的数据供读者自己判断结果。对于这一列信息，我们根据呈现的研究结果对文献的质量进行判断，更重要的是，我们可以学习不同研究方法对应的结果所呈现的规范和标准，为我们自己论文的研究结果部分的书写提供佐证和参考。

第六列是研究结果讨论。这一列信息是对研究问题的直接回答与讨论，也是大家在阅读文献综述时比较常见的内容。比如，某某某发现，小学六年级学生的条件推理能力高于五年级学生（虚构）。对研究问题的直接作答是我们写作文献综述主要的信息来源。我们首先需要对每一篇论文的发现（对于研究问题的直接回答）进行总结，并将它们编号与列举出来，然后将全部发现进行分类，把相似的发现归为一类，并分别进行总结。在期刊论文中，有信服力的综述内容，通常是这样的：许多研究发现，家长主动参与学生的课后学习，与学生学习成绩之间存在正相关性（研究 A、研究 B、研究 C……此处省略许多研究）。但也有研究发现，家长主动参与学生的课后学习，与学生成绩之间存在负相关性（研

究 H，研究 I……）。引用文献的数量、覆盖范围与研究发现的全面性，能够体现作者是否对以往研究进行了充分的综述，清楚地知道过去研究都有哪些发现，为自己研究的合理性做好铺垫。全面且充分的文献综述，可以通过对文献信息表中结果讨论的内容进行分类总结得到。由于期刊论文和毕业论文的篇幅要求不同，只总结研究发现的文献综述更适合期刊论文（有篇幅要求，越简练越好），而毕业论文的要求是详细综述以往研究，那就意味着不光要总结研究发现，还需要说明作者使用了怎样的研究方法、研究背景等。

到这里，大家不难发现，写作文献综述所需要的信息主要来自文献信息列表的第二列（研究问题、做了什么）、第四列（研究方法、如何做的）和第六列（研究结果讨论）。而第三列文献综述与第五列研究结果主要是供大家判断文献质量，以及学习对应的内容，如反向检索文献，研究结果要呈现哪些内容，如何呈现等（见图3-2）。

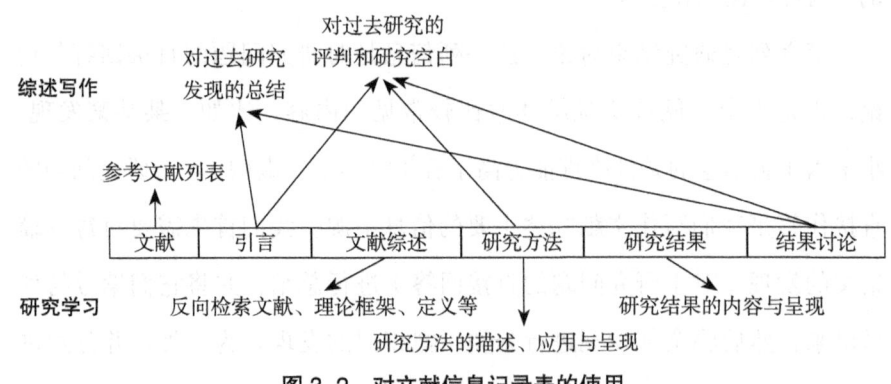

图 3-2 对文献信息记录表的使用

第二步，组合文献信息表中的信息（横向梳理与总结）。在进行第二步之前，我们参考图3-2。先回顾一下上一步从文献信息表中都得到了哪些有用的内容。

（1）参考文献列表可以直接使用的文献引用信息（来自文献信息表第一列，无须做任何处理）。

（2）以往研究问题的分类，总结和描述（来自文献信息表第二列，提取出全部研究问题并进行分类、总结和描述），用于书写文献综述中对过去研究发现的总结，以及通过研究问题来判断目前的研究空白。

（3）以往研究文献综述部分包含的重要文献、研究发现、理论及关键概念的定义，用于了解某领域的研究情况，反向检索文献，收集理论框架和重要概念的定义。

（4）研究方法部分中，对以往研究对象的分类、总结和描述，用于找到过去研究在研究对象上的特点和空白，如较少关注成年人的学习；对数据收集工具的收集，如测评量表和量表的信效度信息，可用于从测量的角度找到以往研究的空白，也可以选择适合自己研究的量表；对数据分析方法的总结，可用于从数据分析的角度找到以往研究的空白，除此之外，这部分信息也可用于学习和研究方法相关的描述、应用与呈现。

（5）研究结果部分，通常用于学习某种研究方法下研究结果的呈现内容与方式。

（6）研究结果讨论的总结和描述，可用于书写文献综述对过去研究发现的总结，也可用来从研究发现的角度，寻找当前的研究空白。

在第一步中，我们将文献信息表中的信息提取出来，并按照每一列进行总结。其中，引言、研究方法和研究结果的总结将在文献综述中，扮演不同的角色。

在第二步中，我们将首先通过组合每一篇文献的引言、研究方法和研究结果讨论部分，来为每一篇文献写一小段总结。这段内容可以直接作为文献综述部分的具体研究例子，一般针对重要的文献都会比较详细地进行

介绍。常见的模式，即"某某某使用什么方式对谁（研究方法列）做了什么研究（引言列），发现了什么（研究结果讨论列）"。例如，研究者通过课堂观察的方式，使用自行开发的量表，测量了高中教师的通用教学知识，学科内容的呈现方式、准确性与教学策略。他们发现上述三种教师教学知识与他们所教授的学生的考试成绩之间没有显著关系。[1]当然，这段话还可以写得更加详细一些。如果我们给每篇文献的总结都按顺序编上号码，就可以得到40~60段关于过去研究的总结。同学们在这里经常出现的问题是直接把这份编号1~40/60的总结当作文献综述交给导师。这些总结是书写文献综述必备的素材，它们需要经过进一步加工，才会成为合格的文献综述。

在第三步中，结合纵向（第一步）与横向（第二步）的总结，构思和写作文献综述。构思文献综述的时候，首先要确定综述要覆盖的范围，即文献综述要覆盖研究问题中涉及的全部概念和关系。例如，在探索教师职业发展对教师学科知识和学科教学法的影响的研究中，文献综述需要覆盖的内容可以按照教师职业发展，教师学科知识，教师学科教学知识，教师职业发展和教学学科知识的关系，教师职业发展和教师学科教学知识的关系，分成五个部分。

其次，文献综述遵循的常用逻辑为依次呈现 SPL、CPL、GAP、RAT。SPL 主要来自第一步对过去研究的纵向总结和第二步的横向总结。第一步的纵向总结是更具概括性和精练的，通常更适用于期刊论文中的综述和对综述写作比较熟悉的研究者；第二步的横向总结为文献综述提供了许多具体例子，也是研究新手在写作文献综述时必经的一步，先对每一篇文献进行总结

---

[1] GESS-NEWSOME J, TAYLOR J, CARLSON J, et al. Teacher Pedagogical Content Knowledge, Practice, and Student Achievement [J]. International Journal of Science Education, 2017, 41（7）: 944-963.

和罗列，再分类与总结全部文献。继续上一段的例子，在毕业论文的文献综述写作中，一般首先会对教师职业发展、教师学科知识和教师学科教学知识这三个关键概念进行界定。在社会科学的大部分学科里，通常学者们很难对概念形成完全一致的看法，总是有一部分学者认为是这样，一部分学者认为是那样。即使是方向大致相同的定义，也存在着细节上的差别。全面总结和对比以往研究中对关键概念的定义，是清晰界定自己研究中这些关键概念的基础，也是进一步使研究问题具体化、清晰化的保障。具体做法就是将之前总结和分类好的概念及定义，进行对比与描述。例如，哪些研究认为此概念的定义是 A 方向，这些观点之间存在哪些联系、存在哪些差异？哪些研究认为此概念的定义是 B 方向？它们的观点之间存在哪些联系，存在哪些差异？而 A 和 B 之间的联系和差异又在哪里？把上述内容分析和阐释清楚，接下来就可以提出在自己的研究中此概念的定义了。定义可以直接选择过去研究中的某种观点，也可以是几种观点的集合，标准是要契合自己的研究问题。

接下来是 SPL 的主体，对过去研究发现的总结。继续使用上面的例子，当我们定义好教师职业发展、教师学科知识、教师学科教学知识这三个概念以后，就可以按照上面与研究问题相关的五个部分，即教师职业发展、教师学科知识、教师学科教学知识、教师职业发展和教师学科知识的关系、教师职业发展和教师学科教学知识的关系，来分类和总结以往研究了。基于前面两步整理的素材，可以先将文献的总结按照上面五个部分进行分类。这里往往会出现重复的现象，比如，某一篇文献既包含教师职业发展，也包含教师学科知识，以及教师职业发展和教师学科知识的关系，那么这篇文献就会同时出现在三个部分中。分类完成后，按照该部分要突出的重点筛选文献内容，即只保留和该部分主题一致的内容，然后将内容进行分类、比较和总结。其中，较为简便和常用的内容组织逻辑是先描述

相似的内容与发现，再对比差异。例如，在"教师职业发展和教师学科知识的关系"这一部分下，可以按照研究发现的类别作为段落来总结研究发现，先用一句话总结这一类研究发现是什么（段首句），相似的研究发现有哪些（证据是什么），不同的研究发现又是什么（证据是什么），为什么会产生差异。逐一将五个部分的文献总结进行描述后，SPL 的草稿就完成了。这时，我们需要回过头来梳理一下五个部分的内容是否覆盖了研究问题中全部的关键概念和关系，前后顺序和描述是否符合逻辑，是否出现了内容重复的情况，是否有和研究问题关系不大的额外内容。如果出现了问题，我们就需要对内容和结构进行调整，如合并某些部分，或者对内容进行删减，以及调整顺序和语言等。

　　CPL，对过去研究的评判，从逻辑上来自 SPL。对过去文献的评判主要来自对以往研究发现的总结，有时也会对研究方法进行总结和评判。例如，以往研究在某某问题上未达成共识，我们需要更多的实证研究证据来进一步理解这一问题，这是对以往研究发现的评判。在评判研究方法时，研究样本（SAM），研究工具（INT）和研究流程（PRO）都是可以被评判的对象，一个研究的局限（Limitation）很多时候出现在以上三个方面。比如，以往大部分研究的样本是中小学生，那么大学生群体是不是在以往的研究中缺少关注？研究工具是否有足够的信度和效度？数据分析的方法是否适合研究问题？在写对过去研究的评判时，可以先把对每一篇文章的评判一一列举出来，然后再按照一定的逻辑（如按照时间顺序、研究主题等）将上述评判进行总结和梳理，并突出和我们研究问题直接相关的评判组织成段落，这样 CPL 部分就完成了。通常 CPL 的篇幅较短，一般不超过一段，在书写时使用简洁精练的语言。

　　梳理清楚 CPL 后，以往研究的空白（GAP）就会很清晰了。因为

GAP 和 CPL 基本上是一一对应的关系，我们在 CPL 中评判了以往研究中的不足或者局限，就是研究空白。总体来说，通过对以往研究的总结，并对应我们研究问题的内容，对以往研究进行评判，进而指出研究空白，这就让研究问题与文献总结、文献评判及过去的研究空白保持一致。接下来 GAP 将成为我们写作研究合理性（RAT）的重要佐证。RAT 是从研究的角度再次审视和重申我们研究的重要性或意义。在引言阶段，往往是通过对现象/问题，以及政策等内容的陈述，在宏观上阐释研究的重要性；而在文献综述部分，则通过对以往研究的总结和评判，找到研究空白，从研究角度或者微观层面上，阐释研究的重要性。在写作上，RAT 往往就是用一两句话，提出针对研究空白的解决方案。至此，文献综述部分的写作就告一段落了。

---------- 本章要点 ----------

科学研究实践篇

1. 学会使用电子图书馆/文献数据库来检索文献，这是当前获取研究文献的主要手段。

2. 通过关键词筛选符合自己研究主题的文献是文献检索的第一步，不要忘记关键词也有很多同义词。

3. 认真阅读摘要，判断文献与自己研究主题的相关性。摘要也是有特定结构的。

4. 精读文献，在文献信息记录符号和记录表的帮助下，标记并摘录文献主要内容。记录符号如下：

研究问题

Research Question - RQ

文献综述

Summary of Previous Literature – SPL

Critic of Previous Literature – CPL

Research Gap – GAP

Rationale of the Study – RAT

研究方法

Sample – SAM

Instrument – INS

Procedure – PRO

研究结果

Results of the current Research - ROR

研究结果讨论

Results Consistent with the current Research – RCR

Results Inconsistent with the current Research – RIR

Interpretation – INT

毕业论文写作篇

2. 文献综述（从微观角度理解研究的重要性/为什么要做这样的研究）

2.1 以往研究总结（包含定义研究中的重要概念，占文献综述篇幅的90%）

2.2 对过去研究的评判

2.3 指出以往研究的空白

2.4 本研究的合理性

评价标准

1. 全面清晰准确地总结过去的研究（包含定义研究中的重要概念）

1.1 选择的文献在时间（近期研究）和质量（同行评议）上有保证

1.2 文献总结可以覆盖研究问题所涉及的全部内容（与研究问题一致）

2. 对过去研究结果的评判清晰准确，并基于文献总结与研究问题

3. 基于文献总结与评判，清晰指出以往研究存在的空白（与研究问题一致）

4. 清晰地阐释了研究的重要性/合理性

第四章 研究方法及计划与实施研究

通过上一章对文献结构的梳理，可以清楚地看到一篇论文的研究方法通常包含三部分：研究对象（Sample，SAM）、研究工具（Instrument，INS）、研究步骤（Procedure，PRO）。其中，研究步骤很多时候也以数据分析（Data Analysis）的形式存在。研究对象在自然科学中通常来自我们所处的物质世界，如声光电等；在社会科学中，研究对象往往是人，以及由人组成的社会和社会关系。比如，在教育研究领域，学生和教师就是被广泛关注的研究对象。除此之外，理论或者知识本身也可以作为研究对象，如论证数学猜想或开展系统性综述研究等。因此，自然科学与社会科学中研究对象的范畴是十分广泛的。同样，研究工具也是多种多样的，从研究粒子结构的大型粒子对撞机，到社会科学中常见的纸笔测试，都是科学研究必备的收集信息/数据的工具。研究步骤则是呈现研究是如何实施的，收集到的信息/数据是如何进行分析的。比如，详细说明一个化学反应的反应条件，试剂用量和反应时间等；以及在一项教学干预实验中，需要描述教育干预是如何实施的，教学过程中收集到的各类信息是进行加工与分析的，如量化研究中常见的使用什么统计方法和软件分析数据。

研究方法部分要体现科学研究的透明性与可重复性，这一点无论是

在哪个研究领域都至关重要。尽管社会科学研究的情况相较于自然科学研究的，往往较为复杂，如当涉及人类的研究时，无法找到两个没有差异的个体，不可能重现完全一致的研究。但是，如果能准确翔实地描述清楚研究对象、研究工具与研究步骤，读者就会对研究结果有更可靠和准确的判断，也能为积累研究发现，推动整个领域的研究发展打下坚实的基础。因此，研究方法部分能否提供全面详尽和准确的信息，让整个研究过程变得透明，让重复这些研究成为可能，是书写和评判研究方法的重要准则。我们在计划和实施自己的研究时，需要时刻提醒自己遵循科学研究的透明性与可重复性原则，做好全过程的信息记录与数据收集工作。

毕业论文开题报告中的研究方法部分实际上是接下来要开展研究的研究计划，即基于研究问题，选择合适的研究对象和研究工具，一步一步地实施研究，在研究过程中收集信息/数据并进行分析的过程。因为研究计划会随着研究开展的实际情况，发生小的变动或者调整，而毕业论文中的研究方法部分则是回顾研究的整个过程，并将它准确详细地呈现出来。因此，毕业论文中的研究方法部分会与开题报告中的研究方法存在差异，但一般来说，只会存在较小的差异。

第一节　科学研究实践篇

选择适合研究问题的研究方法首先需要准确理解当前常见的研究方法，并在此基础上进一步选择与之匹配的研究对象，研究工具及研究步骤。

一、研究方法的分类与组成

当我们讨论研究方法的时候，需要分清楚一系列看似相似且容易混淆的概念，包括方法论、研究方法、研究方式、数据收集方法、数据分析方法，以及它们的同义词。其中，方法论指的是选择相应研究方法背后的哲学原理与思想[1][2]，通常只有博士毕业论文和关注研究方法的论文才会专门讨论，在本科与研究生的毕业论文中并不涉及。研究方式、研究方法、数据收集方法和数据分析方法是本节的重点，具体内容见表4-1。

表 4-1 研究方法的分类与组成

研究方式	量化研究	质性研究
研究方法	实验（真实验与准实验）、调查（截面式调查与追踪式调查）	叙事研究、民族志研究、扎根理论、个案研究……
数据收集	（1）传统量表（例如考试，心理测量……） （2）观察频次（佛兰德斯观察量表） （3）信息技术观测（眼动仪，功能性核磁共振成像，近红外成像技术）……	（1）访谈 （2）观察 （3）搜集书面材料 （4）拍摄视频材料 ……
数据分析	相关性分析，t-检验，方差分析，回归分析，结构方程模型，元分析，机器学习……	（1）自上而下编码（理论框架指导下编码） （2）自下而上编码（通过对数据的归纳总结寻找模式） ……

研究方式包含我们经常说起的量化研究、质性研究和混合研究。关于 20

---

[1] CRESWELL J, CLARK V, GUTMANN M, et al. Advance Mixed Methods Research Designs. In TASHAKKORI A, TEDDLIE C.（Eds.）Handbook of Mixed Methods in Social & Behavioral Research [M]. Thousand Oaks：SAGE Publications, 2003：210-240.

[2] 周钧. 西方比较教育研究范式述评 [J]. 比较教育研究, 2011（2）：7-12.

世纪的量化和质性研究之争，有兴趣的同学可以参考莱格曼（Lagemann）[1]和莱克托斯（Lakatos）[2]的研究。混合研究的前提是精通量化和质性研究，并将它们有机地融为一体为解决研究问题服务。因此，按照量化研究和质性研究在混合研究中的关系，可以分为并行、顺序和转换[3]，在本章中主要关注量化研究和质性研究这两种方式，对混合研究感兴趣的同学除了克瑞斯维尔（Crosswell），还可以参考同一作者的中文译著。[4]许多同学会纠结于选择质性还是量化研究方式，并把这一选择作为自己整个研究的出发点。但正如第一章所述，研究问题才是整个研究的核心，引领研究的其他部分（文献综述、研究方法等）。采用质性还是量化研究方式，主要取决于研究问题。比如，像探寻趋势、寻找关系和验证效果类的研究问题，就更适合用量化研究来解决；像理解机理、探寻原因等更深层的研究问题，有时则更适合采用质性研究。有时，同一个研究问题，既可以使用质性研究也可以使用量化研究来解决。这时除了考虑哪个更加适合，也需要考虑自己更擅长哪种研究方式。当前，质性研究与量化研究的界限也在逐渐变得模糊，但这已经超出了本书的范围，就不在这里赘述了。

研究方法（也称作研究策略）可以按照质性研究和量化研究这两种方式进行分类。在量化研究中，主要包含实验研究与调查研究两大类，实验研究又包括真实验研究和准实验研究，调查研究又包含横截面式调查研究

---

[1] LAGEMANN E C. Contested Terrain：A History of Education Research in the United States，1890—1990 [M]. Educational Researcher 26，1997（9）：5-17.

[2] LAKATOS I. History of Science and Its Rational Reconstructions. In PSA：Proceedings of the Biennial Meeting of the Philosophy of Science Association [J]. Reidel Publishing，1970：91-136.

[3] CRESWELL J，CLARK V，GUTMANN M，et al. Advance Mixed Methods Research Designs. In TASHAKKORI A，TEDDLIE C.（Eds.）Handbook of Mixed Methods in Social & Behavioral Research [M]. Thousand Oaks：SAGE Publications，2003：210-240.

[4] 克雷斯维尔. 混合方法研究：设计与实施 [M]. 重庆：重庆大学出版社，2017.

与追踪式调查研究。在质性研究中，研究方法的种类较多，如叙事研究、民族志研究、扎根理论等。可以将其简单地理解为，质性研究方法多是来自成熟的社会科学学科，如社会学、心理学、人类学等。可以说，借鉴了多少学科，就会有多少质性研究方法。因此，质性研究方法的数量较多，并且随着学科交叉而不断增长。无论是质性研究方法还是量化研究方法，都遵循科学研究的规范和标准。量化研究方法，尤其是实验研究方法，和自然科学中的实验研究在本质上是一致的。例如，做一个木条在氧气中燃烧的实验。区别在于自然科学研究多是真实验（通过不同手段控制变量），而社会科学中的真实验与准实验的基本区别在于是否通过随机抽取样本来实现变量控制，显然准实验在社会科学中更常见。调查研究在社会科学中的比重更大，以大规模人口普查为例，所谓横截面式调查就是在某一个时间点。例如，2022年，通过发放问卷或者走访记录的形式，进行了一次人口基本信息的调查与收集；而追踪式调查简单来说是在连续时间点，持续调查与收集同一批样本的信息，如从2008年开始，每四年就会收集一次人口基本信息，并且每个人在不同时间点的信息是可以通过某种方式关联起来的。这很像是我们在医院建立的病历，如果每次就诊的情况都会被连续记录，医生就会了解我们在不同时候的情况，从而做出判断。样本在不同时间的调查信息是否能被关联起来，是横截面式调查与追踪式调查最本质的区别。

质性研究方法是自然科学研究与社会科学研究差异较大的地方。与自然科学相比，社会科学在研究方法上更加灵活也更具创造性，这恰恰就体现在质性研究方法的多样化上。不同于量化研究的相对标准化与同质性，如实验与准实验、截面式调查与追踪式调查，其相似性要远高于差异性。质性研究方法则风格迥异，如扎根理论是在真实的社会情境下，基于较

为全面的数据收集与分析，逐步建构理论的研究方法[1][2]；而个案研究则是对某个个体单元的深入研究，并以之为参考，阐释更大规模的单元或者相似的现象。[3] 这也是为什么一般从事量化研究的研究者会精通全部量化研究，即实验与调查，但从事质性研究的研究者一般不可能精通全部质性研究方法。当我们在讨论一个研究使用了什么方法，或者具体是怎样做的时候，严谨地来说，我们是在讨论上述的质性或者量化的研究方法，而不是访谈、问卷等数据收集方法，也不是 t - 检验、数据编码等数据分析方法。

数据收集方法和数据分析方法是很容易和研究方法混淆的内容。如果把研究方法比作盖房子的设计蓝图，那么数据收集方法和数据分析方法实际上就是我们要用什么材料、通过什么方式把房子建起来。蓝图一旦确定，那房子的基本构架和样子就已经确定了。至于所选择的材料，以及具体怎么施工，存在多种选择。我们最终会根据预算和设计，选择最适宜的方法。比如，在量化研究中，最常用的数据收集方法是发放量表或者问卷；在质性研究中，则是通过访谈或者观察收集数据。它们之间的区别或者分类的原则在于收集的数据到底是可以数字化的量化数据呢，还是文字、声音、图片等不容易数字化的质性数据。同理，数据分析方法也是根据数据的类型，即可以被数字化（量化）和不容易被数字化（质性），分为针对量化数据的数学统计方法，如方差分析和回归分析，以及针对质性数据的内容编码式分析，如在理论框架指导下的演绎式编码和没有理论框架指导

---

[1] NOBLE H, MITCHELL G. What is Grounded Theory?[J]. Evidence-Based Nursing, 2016, 19（2）：34-35.

[2] SUDDABY R. From the Editors：What Grounded Theory is Not [J]. Academy of Management Journal, 2006, 49（4）：633-642.

[3] GERRING J. What is a Case Study and What is it Good For?[M]. American Political Science Review, 2004, 98（2）：341-354.

的归纳式编码。值得一提的是，随着人工智能的发展，由计算机辅助的量化与质性数据的分析越来越流行。一方面，人工智能的介入让量化与质性数据的边界开始变得模糊；另一方面，也为混合研究的发展，提供了技术支持。

有了上面分类研究方法的基本框架，我们就可以在同一维度下讨论研究方法。比如，是要讨论哪种研究方式，量化或者质性，还是要讨论研究中数据收集的方法。需要注意的是，量化与质性两种方式，是讨论研究方法分类时较为常用的框架，但不是唯一的框架。例如，行动研究是教育研究中常见的一种方法，它通过在即时存在的问题情境，即一线教学中，持续行动反馈并做出改变，整合理论与实践解决问题。[1]如果按照上面的框架，行动研究是更偏质性但也可以包含量化研究的，无法放在表 4-1 中的任何位置。因此，行动研究更适合按照研究目的进行分类，关注实际问题的解决，而不是回答某个研究问题。此外，按照质性研究与量化研究方式进行分类，也仅限于实证研究，而不适用理论研究。这在英文研究中不是什么问题，理论研究的比例非常小，可以当作个案来讨论。但在中文社会科学研究中，实证研究比例较低，以教育研究为例，实证研究在过去 10 年的占比大概只有 14%[2]，大量研究被归为思辨式研究，无法应用上面的框架。

除了容易混淆研究方法分类框架中各个维度的内容，同学们选择研究方法的另一个误区是喜欢比较研究方法的难易程度，然后选择自己认为更简单的方法（研究方法、数据收集与分析方法）。对于有经验的研究人员，的确存在自己更熟悉也更擅长的研究方法。但对于要完成毕业论文的本科

---

[1] AVISON D E, LAU F, MYERS M D, et al. Action Research [J]. Communications of the ACM, 1999, 42（1）：94-97.

[2] 陈雅川，杨洋. 实证还是思辨——两种教育研究的路径探析 [J]. 西北师大学报（社会科学版），2024，61（2）：82-90.

生和研究生而言，在大多数情况下，从知道某个方法到能够熟练使用它完成毕业论文，可能都是一场全新的挑战。无论选择哪种方法，需要付出的努力是差不多的。一些看似简单的方法，如收集信息所使用的量表，想要做到准确规范，符合科学研究的标准，都是需要花一定时间学习的。

二、研究的计划与实施

搞清楚了研究方法的分类后，我们以教育研究为例，看一下在计划与实施研究的过程中，有哪些可能遇到的问题。首先，研究计划（开题报告中研究方法部分）需要根据研究问题与文献综述的内容来制定。可以试着对自己的研究提出以下两个问题。

问题一：我们需要怎样的被试（SAM）、数据收集工具（INS）和研究流程（PRO）来收集和分析能够回答自己研究问题（RQ）的信息？

问题二：过去的研究给我们提供了针对哪些被试的研究结果，哪些我们可以使用的数据收集工具？有哪些可以参考的研究流程（包括数据分析）？

准确回答第一个问题，可以帮助我们建立研究问题与研究方法之间的一致性，这是判断研究质量的重要标准之一；准确回答第二个问题，除了能够在方法上对之前的研究进行评判，还能借鉴与学习之前研究的研究方法。接下来，我们根据研究方法的三部分内容，将上述两个问题展开讨论。

（一）研究对象的选取与呈现

被试的选择首先由研究问题决定，研究问题中包含对研究对象的界定。比如，我们要研究小学高年级学生使用电子地图完成数学学习任务，是否有助于提高他们的数学模型与建模能力，那么研究对象就是小学高年级（五六年级）学生，而不是其他学段的学生。这一点是很清楚的，问题往往出在采用什么方法选取样本。比如，要使用随机取样还是便捷取样，以及如何呈现样本的基本信息上。样本选择的方式包括简单随机取样、系统随机取样、分层取样、便捷取样、滚雪球取样等，没有完全统一的分类方式，但基本上可以分成随机取样与非随机取样两大类。随机取样的好处是样本更具有代表性，它也是真实验设计与准实验设计的主要差别。那为什么不取得全部研究对象的数据？这样就不存在样本代表性的问题了。的确如此，如果每次研究我们都能够穷尽研究对象，确实就不存在取样的问题了。但在实际研究中，很难出现如此理想的状况（随着信息技术的发展，在某些领域已经实现了穷尽研究对象的情况，如电商平台的后台用户数据）。在实际情况下，如果我们想调研国内八年级学生空间想象能力的现状，把调查量表发给国内全部八年级学生显然是不现实的。理想的有代表性的样本的情况是，在全国所有八年级学生中随机抽取一定数量的同学。随机抽取的次数越多，样本量越大，样本越具有代表性。现实中的教育研究，由于受到地域、经费、时间和精力等限制，能做到随机抽样非常不易，常见的取样方式是以便捷取样为代表的非随机取样。例如，调研自己所在城市某几所小学八年级学生的空间想象能力现状。

正是由于在教育领域，大多数研究采用了便捷取样的原因，对样本信息的呈现就显得格外重要。只有通过对样本背景信息进行清晰、翔实的描述，如性别、年龄和以往的相关经验等，读者才能准确理解研究结果是基于何种研究对象所得出的，从而更合理地解读研究结果，并对研究结果进行比较。同学们经常会对收集样本的哪些背景信息，以及如何呈

现这些信息感到困惑。通过阅读以往的研究文献可以很好地解决这个问题。除此之外，许多专业的大型数据库，如教育研究领域的 Programme for International Student Assessment（PISA）等，都可以作为高标准的调查案例。通过阅读这些调查中的问卷与结果，也会了解哪些样本的背景信息是大家所关注的，以及它们是如何呈现的。最后，教育研究与许多社会科学研究一样，往往以人作为研究对象，在保护个人隐私，遵守研究伦理道德等方面，都需要遵守相应的标准和规范，如美国的 Institutional Review Board（IRB）和英国的 Research Ethics Committee（REC）。我国高校的学术道德伦理审查（IRB）体系也在逐步完善，许多高校已经有了自己的学术道德伦理审查委员会。我们在描述关于人的样本的时候（尤其是未成年人），都需要经由委员会的审查通过才可以执行，并且要在样本这一段陈述采用了什么方式取得样本同意，如知情同意书，以及通过了学术道德伦理委员会的审查。

（二）研究工具的选择与呈现

研究工具是在研究中用来收集信息或数据所使用的各种各样的工具。每个人都有丰富的使用工具的经验，小到一个转笔刀，大到一台电脑，甚至一辆车，都可以看作不同用途的工具。当我们使用工具的时候，我们希望它们能实现我们期望的效果。听上去有点拗口，简单来说就是我们希望转笔刀可以削尖铅笔，汽车可以代步，让我们快速到达想去的地方。但我们并不期望转笔刀可以用来削苹果，也不期望开着汽车能够穿越河流湖泊。工具能够有效实现它们应有的目的，代表着它们具有良好的效度。当使用上述日常生活中常见的工具作为例子时，效度这个概念并不难理解，在讨论研究工具的效度，即研究工具是否能够实现其应有的目的时，情况则要抽象得多。举一个大家都经历过的例子，当我们想要了解高二学生的物理水平时，最常用的方法是使用一套高二物理试卷作为工具，收集学生在高二物理方面的表现数据，而不是使用一套数学试卷。我们期待这套物理试卷可以测试学生真实的物理水平——比起使用数学试卷来测试物理水平，物理试卷显然拥有更高的效度，即它能够测量我们想要测量的内容——高二学生的物理学习水平。当我们使用工具收集其他抽象概念的数据时，比如一个人的心理压力，我们面临同样的问题，工具能否准确收集到我们想要了解的个人心理压力的情况？尽管这个问题的答案只是简单的"是"或"否"，但评判标准不是三言两语可以讲清楚的，因为应用标准建立工具的效度是工具开发者关注的问题，工具的开发与测试是独立的科学研究。换句话说，工具的研究是可以独立成文的。因此，对大多数研究者来说，理解效度并且知道效度是研究工具的重要指标，知道如何挑选效度有保障的工具，并在论文中报告工具的效度就足够了。这就好比一位使用显微镜观察微生物的生物学家，并不需要自己能够制造显微镜，他只需要会使用显微镜就可以了。

研究工具的信度同样至关重要。回到前面提到的转笔刀和汽车的例子，我们除了希望它们可以实现各自的预期功能，也希望它们的表现可以相对稳定，不会出现一会儿可以削铅笔，一会儿又削不了的情况；也不会出现换了司机，或者出了市区，汽车就不听使唤的情况。研究工具在不同时间、不同场合或者不同使用群体中能够保持稳定，这就是研究工具的信度。信度和效度一样，都是由工具开发者逐步建立起来的，是工具开发和验证研究中的一部分。同样，大多数研究者在使用研究工具的过程中，只需要挑选信度有保障的工具，并在论文中报告工具的信度就足够了。

综上所述，除了关注研究工具开发和验证的研究，其余研究者在进

行科学研究时，会选择前人开发的相对成熟的工具，或者对现有的工具进行小幅度调整。例如，有一套成熟的研究工具以美国的一档儿童科学节目作为背景，收集儿童观看节目的体验及兴趣等信息。当我们研究国内的儿童科普节目对观看儿童可能产生的影响时，发现这套工具非常适合，那就需要把工具中的背景换成国内儿童科普节目，并对工具里的相关细节进行调整。在这个过程中，不要忘记引用原工具的信度和效度，测试和呈现原工具在自己研究中的信度和效度。对工具的背景信息，如语言等做出翻译和修订，都是小幅度的调整，但是如果调整或者修订工具时触及工具的结构、维度或者主要内容的陈述时，就需要重新建立工具的信度和效度（尽量避免这种情况）。因此，能够找到既符合自己的研究目的，又无须修改可以直接使用的研究工具，是大家开展研究时比较理想的状态。

　　这时很多做质性研究的同学可能会提出一个问题，质性研究的数据收集工具，如访谈时使用的访谈提纲或观察表，存在信度和效度的问题吗？一般来说，许多质性研究的数据收集工具是不存在可以数量化的信度和效度的指标的。但是从信度和效度的本质来看，即工具的准确性和稳定性，访谈提纲和观察表等工具也是需要信度和效度保障的，只是在质性研究中信度和效度的表现形式不同。例如，在量化研究中，信度通常是以数量化的参数形式存在（如信度系数 Cronbach's alpha）；而在质性研究中，信度和效度通常是以描述的形式存在与呈现的，如阐释为什么研究中的访谈提纲是可靠的，通过提纲中的问题为什么能收集到我们想要得到的信息等。除了信度和效度，对于研究工具本身的介绍与描述也是不可或缺的，在描述工具时要让读者能够从整体和细节上对工具有充分的认识。因此，列举工具中具体的例子是很好的做法。另外，可以将完整的工具清单放在论文的附件中，供读者和后来的研究者们参考。

（三）研究步骤（信息或数据分析的方式）的选择与呈现

研究实施的步骤，根据复杂程度的不同，有时会出现在研究方法的其他部分。例如，一般简单的调查研究，可以将调查步骤和研究样本放在一起，在描述研究样本的同时，提一下调查的具体步骤。当研究步骤较为复杂时，如在多组多轮的实验干预中，既要呈现干预的具体内容，又要呈现实验的具体过程，通常会将研究步骤单独列为一节，与研究样本、研究工具并列。如果是几句话就能说清楚的简单步骤，这一节除了呈现研究步骤，主要是呈现对于数据的具体分析方法的。如表 4-1 所示，对于量化研究中数量化的数据，主要以数学统计分析为主。例如，方差分析和回归分析，通常需要呈现使用某种统计分析的理由（如何回答研究问题）、统计分析的软件和解读统计结果的标准。在质性研究中分析非数量化的数据或信息时，同样需要解释清楚所选择的分析方法的理由，如何实施分析，以及分析标准与规范。

到目前为止，我们了解了研究方法的三部分内容，包括研究样本、研究工具和研究步骤（数据分析方法）。加上前面两章的引言和文献综述，一起组成一份完整的开题报告，也是接下来开展研究的理由和计划。研究理由是否充分，计划是否合理可行至关重要，这就是为什么会有开题报告答辩的原因。在实际开展研究的过程中，经常会出现一些意料之外的状况，如约定的访谈或者课堂观察由于种种原因无法进行（小状况），设计好的实验干预无法顺利实施（大状况）。面对这些状况应该如何处理？有哪些替代方案可以选择？是否要把这些情况呈现在论文中？面对这些问题，研究者能做的就是做好每天的研究记录。在自然科学领域，我发现大多数同学会做研究记录。例如，某日某时，做了什么实验，结果如何，出

现了什么问题等。但后来在社会科学领域，我发现很多学生往往只关注结果，如访谈和观察结果记录等，容易忽视研究过程。当出现研究计划之外的状况时，过程记录就会在研究和论文写作中起到重要作用。我建议大家从开题报告通过以后，正式开展研究的那一刻起，就保持每天写研究记录的习惯。最简单的方式就是记录下时间、地点、人物与事件。研究记录的写法和形式因人而异，这里不再赘述。

第二节　毕业论文写作篇

在准备写作毕业论文的研究方法部分时，需要准备好开题报告（研究计划）和研究记录（实际研究的开展情况）。当开题报告中的研究方法部分已经较为完善的情况下，我们要做的就是按照研究实际开展的情况，修改开题报告中的研究方法。通常来说，当研究开展与计划不一致时，我们采用以下方式进行修订。首先，对于不影响研究结果的改变，一般不会在论文中呈现。比如，访谈或者干预虽比原计划推迟进行，但没有影响研究进度和结果。其次，对研究结果产生一定影响，但没有涉及整体研究计划的改变，一般对开题报告中的研究方法部分进行修改就可以了。比如，原计划访谈20位小学校长，但最后只有16位校长接受了访谈，最简便的做法就是把访谈人数改为16人即可。16名访谈对象与20名访谈对象差别往往不大，但是当20位访谈对象减少到10位，甚至6位时，那对研究结果就可能会产生关键影响。因此，当研究没有按照计划开展，并可能对研究结果产生较大影响时，最好的做法就是改变计划，使用后备方案收集足够的信息。当研究开展出现了较大的改变时，需要在论文中描述改变和原因，预测并提醒读者可能会对结果产生的影响，并在研究局限中说明这一情况。最后，也是大家最不希望看到的情况，就是研究开展过程中，出现了会对研究结果产生重大影响的情况。例如，在试验研究中没有严格控制实验组的干预，导致实验组与控制组经历了几乎没有差别的干预。在这种情况下，需要重新开展研究。

研究方法的写作相较于引言和文献综述容易一些，更多的是对客观事实的陈述，基本上不需要进行对比、分析和总结。研究方法中研究对象、研究工具与研究步骤的具体写法如下。

（一）研究对象

在研究对象，也就是样本（SAM）部分，我们需要对研究的参与者进行详细具体的描述，如下面两个例子。

> 由于学术期刊中科学课程教学模式的实证研究在2000—2020年仅有上面介绍过的三篇，所以本研究以近二十年来"中国知网"收录的博士与硕士学位论文为研究对象。文献的选择标准如下：
> 1. 2000—2019年的硕博论文；
> 2. 论文属于科学教育领域；
> 3. 研究对象是从小学到高中（6~18岁）的学生；
> 4. 依据科学教育教学理论设计并实施了课程；
> 5. 对课程的教学效果进行了定量分析。

在上面这个例子中，研究对象是以前的研究文献。大家可以清晰地看到，文献的背景信息已经交代得足够全面。任何一个研究者，通过应用相同的标准，都会找到和研究中几乎一致的研究对象。这是系统性综述研究

中选择文献的规范和标准,在任何一篇合格的系统性综述中,选择文献都是使用类似的标准。因为国内教育研究中系统性综述的研究较少,所以大家可能会对这种形式的研究对象有些陌生。常见的研究对象的例子,可能是像下面这样的:

> 研究对象:研究采用便利取样的方法,测试对象包括山东省某市A小学五六年级学生、Q和H大学小教专业本科学生(小学职前教师)以及在职小学教师,测试对象的背景信息见表4-2。研究采用线上问卷和线下问卷相结合的方式,共有215(共发放224份)名小学高年级学生、195(共发放207份)名小学职前教师、70位小学在职教师参与填写,有效问卷回收率分别为91.5%、94.2%、100%。

表4-2 被试背景信息描述性统计(部分)

类别	变量		人数	百分比/%
小学高年级学生（N=215）	年级	五年级	105	48.8
		六年级	110	51.2
	性别	男	112	52.1
		女	103	47.9
职前教师（N=195）	年龄	18~20岁	61	31.3
		21~23岁	134	68.7
	性别	男	17	8.7
		女	178	91.3
	专业方向	语文方向	29	14.9
		数学方向	35	17.9
		全科	131	67.2
在职教师（N=70）	教龄	不足一年	22	31.4
		一年至三年	14	20.0
		三年以上	34	48.6

参与问卷填写的五年级小学生有 105（48.8%）人，六年级有 110（51.2%）人；男生有 112（52.1%）人，女生有 103（47.9%）人。20 岁以下的职前教师有 61（31.3%）人，20~23 岁的有 134（68.7%）人；男生有 17（8.7%）人，女生有 178（91.3%）人；全科方向职前教师占比最高，有 131（67.2%）人；教龄不到一年的小学教师有 22（31.4%）人，教龄在七年及以上的占比最高，有 28（40.0%）人；女性仍多于男性，有 61（87.1%）人；小学在职教师的最高学历大多数为本科，有 61（87.1%）人；授课年级在小学高年级的最多，有 34（55.7%）人。❶

以上是对教育研究中常见的研究对象，即学生与教师的描述，描述的通常是基本的人口统计学信息，加上研究问题中要特别关注的信息。假设有研究者想选取同样的被试，那么就可以根据上面对研究对象的描述找到类似的样本。其中所反映出来的科学研究的透明性与可重复性的可能性是需要在研究对象这一部分描述清楚的。

（二）研究工具

描述研究工具的基本原则，是让读者清楚了解研究使用了什么工具来收集数据或信息，并且工具是可靠的和有效的。为此，我们需要首先对工具本身进行清晰的描述，并提供足够的证据来证明工具的信度和效度。当其他研究者想要使用这一工具时，只要看看这段关于研究工具的描述就足够了。

还是以教育研究为例，最常用的研究工具之一是调查问卷。在描述问卷时，我们都要写哪些内容呢？首先是对问卷的整体介绍，如问卷的来源、维度和内容等；其次是工具可靠性和有效性的证据，通常是引用问卷

---

❶ 邢聪慧. 小学职前与在职教师和小学生的批判性思维研究 [D]. 青岛：青岛大学，2019.

来源中的相关信息。在呈现工具信效度的过程中，需要加入本研究中数据呈现出的信度（这在流程上应该算作是研究结果之一，但往往出现在对工具的描述里）。参考下面这段对研究工具的描述：

> 测量小学职前教师、小学在职教师和小学生条件推理能力使用的是 Robert H. Ennis 在 1964 年发表的康奈尔系列测试中的《康奈尔条件推理测试 X 级》，这个量表的适用对象是 4~14 年级学生。该问卷由 Robert H. Ennis 与 Dieter Paulus 编写，1965 年发表在《青少年演绎推理——1~12 年级阶段 1 的批判性思维准备》一文中，在文章中，作者对五、七、九、十一年级学生的条件推理能力进行了测试。《康奈尔条件推理测试 X 级》的平均信度 α 值约为 0.75。条件推理能力量表分为三个维度，分别为具体熟悉（Concrete Familiar）、象征（Symbolic）和暗示（Suggestive）。量表共有 72 道单选题，答案给出三个选项 A. 是的 B. 不是 C. 也许吧，被测者要从三个选项中选出唯一的正确答案。具体熟悉维度包含 48 道题目，题目中给出普通的生活情景，但是，由于被试不熟悉题目中提到的具体对象，因此没有做出使被试确信是真或假的陈述。例如，假设你知道如果桌子上的帽子是蓝色的，那么它是琼的。已知桌子上的帽子是蓝色的。以下陈述是正确的吗？桌子上的帽子是琼的。象征维度包含 12 道题，象征是指在关键位置使用诸如"x""A"之类的符号，而不是引用特定对象的术语。例如，假设你知道如果有一个 X，那么就有一个 Y。已知没有 Y，以下陈述是正确的吗？暗示维度包含 12 道题，暗示指结论的真实状态不同于论证的有效性状态。即问题陈述可能与现实不符，但在该陈述下，是有效的。例如，假设你知道：如果老鼠有五条腿，那么它们就比马

跑得快。已知老鼠确实有五条腿，以下陈述是正确的吗？老鼠比马跑得快。为使调查对象认真填写问卷，提高问卷的有效回收率，笔者将该问卷随机删减至20道题目（具体熟悉16道；象征1道；暗示3道）。经过删减后，小学生条件推理问卷信度为0.80，小学职前教师条件推理问卷信度为0.86，小学在职教师条件推理问卷信度为0.81。因此，修改后的问卷具有较高的内在一致性，可靠性较高。❶

在上面这个例子中，作者对问卷（量表）的来源，纬度与内容进行了详细描述，并呈现了原工具的信度和效度（题目内容和历经多年的应用都是信度和效度的证明）与在自己研究中的信度。需要注意的是，作者为了提高问卷回收率，将问题数量缩减至20道。对比原先的72道题目，这一操作很大可能会对工具的信效度产生影响。但是，考虑到本科生毕业论文的目的（以练习为主）和实际收集数据的困难程度，我认为这是可以接受的。如果是研究生毕业论文，对工具进行这样大幅度的修改就需要重新验证信度和效度了。

（三）研究步骤（信息或数据分析的方式）

无论何种形式的数据，都需要通过对它们的分析和总结，才能得到用于交流的研究结果或者研究发现。对于数据分析的描述，主要是说明研究使用了何种数据分析方法，并且它们是如何得到能够回答研究问题的结果的。阅读下面数据分析的例子，该例子是使用元分析对以往文献进行再分析时，具体使用了哪一款分析软件，要使用这一软件对收集到的数据进行哪些分析，结果的呈现和参考标准都是什么。

---

❶ 邢聪慧. 小学职前与在职教师和小学生的批判性思维研究 [D]. 青岛：青岛大学，2019.

下面这个例子呈现了一种较为复杂的统计方法，即元分析。常见的一些统计方法，如回归分析，往往不会出现这么多内容。

本研究采用 RevMan5.3 软件对提取的文献数据进行元分析，并将分析结果以图表的形式呈现。分析与检验结果包括森林图（forest plot）和漏斗图（funnel plot）、并进行异质性检验、出版偏倚检测。森林图的绘制是以实验组和对照组的标准化均差（Standardized Mean Difference，SMD）统计指标的数值运算结果为基础，在平面直角坐标系中，以一条垂直的无效线（横坐标刻度为 1 或 0）为中心，用平行于横轴的多条横向线段描述被纳入研究的效应量和可信区间（95%CI），用一个棱形（或其他图形）描述多个研究合并的总效应及可信区间。异质性检验反映异质性部分在效应量总的变异中所占的比重，异质性的低、中、高程度分别用 25%、50%、75% 表示。元分析有两种效应模型可以选择，分别是随机效应模型（Random Effect Model）和固定效应模型（Fixed Effect Model），当异质性系数 >50% 时，通常选择随机效应模型，反之则选择固定效应模型。

漏斗图是用来识别和控制元分析中最常见的偏倚"发表偏倚（publication bias）"的方法。偏倚是指在资料收集、分析、解释和发表时任何可能导致结论系统地偏离真实结果的情况，通常来说有统计学意义的研究结果比无统计学意义的研究更容易投稿和被发表。发表偏倚意味着元分析的样本缺乏代表性，特别是缺乏结果不显著的原始研究，如果研究对象是未发表的学位论文，也会影响元分析结果的可靠性。本研究采用标准化均数差的标准误差与标准化均数差绘制漏斗图。通常小样本研究所估计的效应量变异程度较大，因而其效应量点估计分散在漏斗图的底部；随着样本含量的增加，大样本研究所估计的效应量的变异程度逐渐降低，因而其效应量点估计逐渐趋于密集在一个较窄的范围内。理论上讲若被纳入的各独立研究无发表偏倚，漏斗图上的点是围绕各独立研究效应点估计的真实值对称地散开分布的，即图形呈现倒置对称的漏斗形；若漏斗图不对称或不完整，则可能存在发表偏倚。❶

在一些实验设计中，由于实验过程相对复杂，会出现对于实验过程的描述，并单列一节，参考下面这个例子：

第一节 研究环境

本研究在 Q 市 C 小学进行，学校位于 Q 市市区，是该市规模最大的一所小学，设立一至六年级，共 29 个教学班。每个年级平行教学班数量不一，多则 9 个，少则 3 个，每个班约 42 人，学校学生多是周边居民子女、外来务工人员子女占极少数。教师 60 人左右，学生 1200 人左右，师生比约为 1∶20。学校非常重视教育信息化的发展，在每个教室都安装了交互式白板，配建了现代化的网络教室、实验室。学校从开始电子书包试点到现在已有三年的时间，使用电子书包上课的学生能够熟练操作平板电脑。学校为学生和任课教师提供了某厂商的教育平台，保证了硬件使用的流畅性。学校的支持，学生的使用水平以及技术平台的配备都为我们实验的开展奠定了良好的基础。

此外，该小学的科学课程均使用所在城市教材。学校没有配备专

---

❶ 张宗芳. 我国中小学科学课程教学模式与教学效果探究——基于 2000—2019 硕博论文的元分析 [D]. 青岛：青岛大学，2021.

门的科学教师，一般都是由班级的数学教师担任，一个数学教师分管一个或多个班级的科学课。五年级的学生每周有两节科学课，每节课为 40 分钟。五年级的这四个平行班学生总体水平差不多，但有两个班使用电子书包，而另外两个平行班不使用电子书包。本研究选取五年级两个使用电子书包的班级的小学生作为研究对象，通过交叉安排的准实验设计，测量学生在三堂课的课前、课后，与 1 个月后的学习收获，探究基于互动反馈系统和"5E"教学模式的小学科学教学模式的实际教学效果。

在下面这个例子中，由于使用了交叉实验设计，需要交代清楚实验环境与实验步骤。因此，在研究方法的第一节介绍了实验环境，中间第二节和第三节省略了对样本和工具的介绍，第四节呈现了整个实验流程，也包括干预过程。因为篇幅较长，这里只截取了开头两段。而数据分析方法，则放在了后面的一节。

第四节　研究步骤

一、交叉安排的准实验设计

本研究使用准实验研究的方式来对设计的小学科学教学模式的效果进行检验。如图 3.1 所示，在食物链课程中，一班和二班均为对照组，采用同样的方式分别由研究者和原班级任课教师为学生授课，这样既可以为后面的交叉设计提供一次学生收获的参考，也可以让研究者熟悉授课环境。在自由落体课程中，一班为实验组，由研究者按照研究中的课程设计，采用互动反馈系统进行授课，此时二班为对照组，由班级原任课教师按照传统方式教授与实验班同样的课程内容。

在降落伞课程中，一班与二班的角色互换，一班为对照组，由原任课教师授课，二班为实验组，由研究者授课。三节课的课程内容在第一节课开始前，已经通过研究者与教师的交流以及共享材料，来确保一致。

在每一节课开始前，两个班的教师都会对学生进行前测，来看学生对本节课将要学习的知识的认知。食物链课程采用思维导图的方式进行前测，自由落体和降落伞课程采用知识类客观题目和思维导图两种方式进行前测。在上课过程中，有专门人员负责进行课堂观察，主要包括对学生学习投入、合作等情况的记录。每节课后两个班的教师会对学生进行后测，后测包括知识类题目（客观题、主观题），自测题目（对本节课的认识、对模型的认知以及对科学的兴趣和态度）以及思维导图。在课程结束一个月后，教师对两个班的学生进行延迟测，测试内容包括食物链、自由落体课程的知识类客观题目，食物链、降落伞课程的知识类主观题目，以及自测题目。[1]

……

通过对研究方法的描述，研究者从三个方面，即研究样本、研究工具和研究步骤（数据分析方法），呈现出研究是如何实施的。研究方法的评价标准同样也是秉承透明性与可重复性原则的。除此之外，还需要判断研究方法是否能够回答研究问题，对于整个研究是否合适等问题。将研究方法中的每一部分按照标准介绍清楚，并且能够回答上述问题时，研究方法部分的写作就告一段落了。

---

[1] 辛雅洁. 互动反馈系统支持下的小学科学"5E"模式实践研究 [D]. 青岛：青岛大学，2020.

---------- 本章要点 ----------

科学研究实践篇

1. 实证研究的研究方法可以按照多种方式进行分类,按照量化研究和质性研究的方式进行分类较为常用。

2. 按照量化研究和质性研究的方式分类时,研究方法(如实验、扎根理论)、数据收集方法和数据分析方法都可以相应地分成两大类。

3. 研究样本的选取存在多种方式,随机取样和非随机取样是较为常见的两大类。

4. 在许多社会科学研究中,便捷取样是较为常见的做法。

5. 研究工具的信效度至关重要,尽量选择成熟完善的研究工具,而不是自己开发研究工具。

6. 在研究过程中,做好每一天的研究记录。

毕业论文写作篇

3. 研究方法(研究是如何实施的)

3.1 研究样本(SAM)

3.2 研究工具(INS)

3.3 研究流程(数据分析方法)(PRO)

如果是实验设计或者其他较为复杂的研究方法,实验步骤或者研究流程可以单独作为一节进行描述。

评价标准

1. 清楚描述了研究方式(质性/量化)和研究方法(如实验)。

2. 清晰描述了研究方法与研究问题之间的联系与适配性。

3. 提供了满足研究目的的研究样本或参与者的描述性信息。

4. 描述了研究样本或者参与者的选择方式与过程（抽样方法）。

5. 描述了研究中收集数据所用到的工具或方法。

6. 解释了研究工具或方法的可靠性与有效性。

7. 清楚描述了数据分析方法/技术与流程。

第五章 研究结果和研究发现了什么

当我们按照开题报告中的研究计划逐步开展研究，收集到相应的数据或信息，并按照对应的标准和规范对这些数据或信息进行分析后，就会得到一系列研究结果的半成品。之所以是半成品，是因为无论通过统计分析（量化数据）还是内容分析（质性数据）得到的直接结果，和论文中呈现出来的研究结果还存在一定差距。举个较为形象的例子，就是在制盐工业中粗盐和细盐的差别。从统计分析中得到的结果可能还需要重复，对比不同模型的参数，最终从一系列结果中选择最理想的结果，并且统计软件给出的结果，通常是不可以直接复制和粘贴到论文中的；质性研究结果也是如此，有时需要对初次分析的结果进行再合成与再分析，经历多次编码与验证，对应的数据与信息也不可以大段大段地复制到论文中。因此，在研究结果部分，通常会先有一份非正式的研究结果报告，然后在结果报告的基础上书写研究结果。研究结果报告可以看作上一章研究方法中研究记录的延伸。一定要认真记录每一次尝试性的分析与结果。从实践的角度来看，最理想的结果不一定出现在最后一次分析中。

研究结果与我们的研究发现了什么，实际是一回事。相较前面几章中的引言、文献综述和研究方法，研究结果要直接和简单得多。从文献阅读

的标记符号中也可以发现,整个研究结果部分只有一个符号 ROR。研究结果部分常见的问题是区分不清楚结果、对结果的解释及对结果的评价,对应到论文的章节里,结果呈现和解释一般是研究结果部分,而对结果的评价则是研究结果讨论部分。有些论文会将研究结果与讨论作为一章来呈现(多见于自然科学领域的论文),但在毕业论文中,一般都建议将两者分开,方便读者阅读。

第一节　科学研究实践篇

在研究方法部分,我们提到了要做好每天的研究记录,记录的主要内容是每天做了什么(对应研究方法)。作为研究记录的延续,在研究结果部分的记录重点是每天做了怎样的分析,对应的结果是什么。大家较为熟悉的完整的研究记录可能是中学阶段物理或化学课上写过的实验报告。报告里包含实验名称和目的(做了什么研究),实验器材(使用什么工具收集和分析数据),如何做的实验(研究步骤是怎样的),以及实验结果(研究结果是怎样的)。在毕业研究里,研究记录也可以参考以往的实验报告。例如,在质性研究中,什么时间、什么地点,访谈了哪些人,还有与每一位访谈对象的对话录音和文字转录,后期还会有对文字记录的不同阶段的分析结果;在量化研究中,除了过程记录,结果部分多是不同统计分析得到的结果,或同一种统计分析在不同情况下的结果。最后,无论论文中的研究结果是什么样的,它一定是来自原始的研究结果记录。大家往往只关注论文中的研究结果,却忽视了它的来源。因此,在实践部分,本书按照时间顺序将研究结果拆分成研究原始记录,研究结果报告与研究结果的顺序来呈现完成论文的研究结果部分具体都需要做什么。其中,研究原始记录里面还包含数据收集、储存和管理等不属于研究结果的内容。考虑到内容的完整性，也将其放在这一章一起讨论。

一、研究原始记录

研究原始记录是前面提到过的，每天对研究相关内容的初始记录，包括上一章研究方法中研究开展的过程记录，和本章的研究结果记录。由于社会科学研究中涉及的数据或信息种类多种多样，如文字、数字数据、影像视频、声音和实体作品等。随着信息技术的发展与越来越多的科学发现，形式会更加丰富。因此，无论选择了哪种研究方法，都需要对多种形式的数据或信息进行记录、整理、存档和管理，研究的原始记录都需要尽可能详尽。为了更完善地记录研究信息，在研究开始前，准备好可能用到的研究数据收集表是非常有必要的。这样做能够确保研究开展过程中各类数据都得到及时收集、整理和归档。简单的数据收集表（如访谈信息收集表），基本上只需要包括时间地点人物，访谈问题（访谈提纲中的问题）和被访人的回答（录音会自动转录）；在教育研究领域，最复杂的数据收集表之一，出现在元分析中（见表 5-1）。

表 5-1 元分析数据收集表样例（部分）

研究编号：4				
Reference：钱奇兰 . 初中社会性科学议题教学研究 [D]. 浙江师范大学，2011.				
抽样方法：便利抽样	立意抽样	人口普查	NI	
抽样数量：42				
班级容量：42				
学校所在地：城市	农村	NI	所在省份地区：浙江金华	
学校类型：公立	私立	其他	NI	

续表

年级：小学　初中　高中　具体年级　8　NI	
学生民族：汉　大部分是少数民族　NI	
设计课程：名称　泥石流 时长 4 课时 应用理论 SSI	
研究方法：问卷调查　实验　访谈　观察	
得到研究结果的措施：（页码 57/68）"泥石流"知识问卷、思维导图、非形式推理问卷	
课程效果：学生对泥石流知识认识情况分析（无对照组） 平均数：0.744（前测）0.903（后测） 标准差：3.09659（前测）1.37613（后测） Mean difference：（前后测）−0.159 ES：−0.0664	
学生非形式推理分数变化分析（无对照组） 高分组平均数：11.45（前测）15.00（后测）标准差：1.440（前测）0.894（后测） Mean difference：（前后测）−3.55 ES：−2.962 中分组平均数：8.350（前测）11.9500（后测）标准差：0.48936（前测）0.88704（后测） Mean difference：（前后测）−3.6 ES：−5.025 低分组平均数：5.6364（前测）9.2727（后测）标准差：1.20605（前测）1.00905（后测） Mean difference：（前后测）−3.64 ES：−3.270	
总体教学效果 1. 泥石流议题教学后，学生对泥石流议题的认知有显著增长。 2. 议题教学后，学生的非形式推理有了更显著的增长。	

　　元分析的数据收集表用于收集样本文献中的关键信息。严格来说，空白的表格属于数据收集工具的一部分，而填好了信息的表格则是结果的原始记录。在上表中，需要研究者通过阅读文献填写的内容，用加粗斜体和下划线的格式呈现。在完成几十篇文献的阅读和表格的填写后，这一个研究中的原始结果记录就完成了。接下来，要将每个 Word 表格中的信息转

录到 Excel 表格中，并按照顺序一篇一篇列好，以方便接下来将数据导入元分析软件中进行下一步的分析。在使用其他方法进行研究时，数据收集和整理的过程基本上差不多。这一过程通常在正式分析数据之前，随着收集到的数据会越来越多，保持记录并随时整理记录和数据是得到研究结果至关重要的第一步。

每个人记录研究和整理数据的方式方法各不相同，但应该遵循较为一致的原则，全面翔实地记录和清晰合理地归类与整理。这样一来，在接下来的研究中才不容易遗漏关键信息，在繁杂的数据中才能高效地找到自己需要的内容。研究原始记录一般都是按照时间顺序进行梳理，出现的内容无论在当时判断是有用还是无用，都需要尽量记录并整理好。

二、研究结果报告

研究结果报告可以看作原始研究记录与论文研究结果之间的过程产出，一个中间体就是本章开头的例子中所提到的粗盐。有的同学会把这些粗制的结果直接放到论文里，导致研究结果部分有几十页那么多。细看一下，它们基本是由原始数据堆砌而成。在数据收集和分析过程中，只经过一次分析就能得到理想结果的例子是比较少见的。尤其是在质性研究中，分析往往是反复循环进行的。即便看起来相对简单，完全由软件代劳的统计分析，只分析一次就完成的情况也几乎不存在。例如，在大家都熟悉的回归分析中，是使用回归系数还是标准回归系数，是使用逐步回归还是一步到位，是否要对残差进行分析等一系列问题，都是大家在分析数据的过程中反复测试才能解决的问题。在分析数据的过程中，会产生大量的分析结果，有时一天就会产生几十页甚至上百页的结果。因此，及时整理和总结分析结果，优先生成一份研究结果报告，会给自己接下来的工作带来极

大的便利。尤其是当大家尝试过从几周甚至几个月的海量结果里找出自己需要的内容，就会深刻地体会到研究结果报告的重要性了。

研究结果报告的另外一个作用是在分析结果与研究结果之间形成呈现格式和规范上的缓冲。在前文中，我提到许多同学喜欢将软件给出的结果直接复制和粘贴到论文中，这种做法显然是不符合规范的。以最简单的统计分析之一，独立样本 t-检验为例，看一下某初二班级男生和女生的数学成绩之间是否存在显著差异，IBM SPSS26 给出的结果如表 5-2 所示。这样一幅截图直接复制到研究结果报告里，是没有问题的，我们还可以在上面做笔记，圈一下重要的信息。但是在论文的研究结果部分，对 t-检验结果的呈现是完全不同的，见表 5-3。

表 5-2 独立样本 t-检验结果

			组统计							
	性别	个案数	平均值	标准差	标准误差平均值					
期末成绩	男	10	76.8000	11.47751	3.62951					
	女	10	77.5000	12.18606	3.85357					
					独立样本检验					
		莱文方差等同性检验		平均值等同性 t 检验						
		F	显著性	t	自由度	显著性（双尾）	平均值差值	标准误差差值	差值 95% 置信区间	
									下限	上限
期末成绩	假定等方差	0.000	1.000	−0.132	18.000	0.896	−0.70000	5.29371	−11.82167	10.42167
	不假定等方差			−0.132	17.936	0.896	−0.70000	5.29371	−11.82452	10.42452

数据来源：作者自编。

102

表 5-3　独立样本 t-检验结果

数学成绩	平均分（标准差）	t 值（p 值）
男生（$N=10$）	76.80（11.48）	$t_{18}=-0.132$（0.896）
女生（$N=10$）	77.50（12.19）	

数据来源：作者自编。

三、研究结果

表 5-3 是论文中研究结果部分，t-检验结果的呈现形式。从上表中可以看到，在 SPSS 输出的统计分析结果中，只有部分重要数据被放到了研究结果的表格里，这在统计分析里十分常见。软件通常会详细提供全部有参考价值的参数，但一般在研究结果里只呈现大家最关注的重要结果就可以了。例如，上表中的男女生样本数量（$N=10$），平均数学成绩（分别为 76.80 分和 77.50 分），以及 t-检验结果（$t_{18}=-0.132$）和结果显著性（$p=0.896$）。从表 5-2 到表 5-3 的过程，就是从研究结果报告到研究结果的过程。即便是简单的独立样本 t-检验，在精简结果时都有许多需要考虑的问题。在上面这个例子中，需要考虑的问题如下：①哪些数据需要在结果中呈现？哪些结果不需要？要回答这个问题，需要对分析方法有一定了解，并且从以往研究文献的研究结果部分中学习。在研究初期，可以参考其他研究的结果部分，其他研究者报告了哪些结果，我们也可以报告哪些结果。②莱文方差等同性检验是什么？显著性（双尾）是什么意思？置信区间又是什么？以及在假定等方差和不假定等方差之间，应该选择哪一行结果呢？要回答上面这些问题，需要搞清楚 t-检验中涉及的基本的统计概念，一般在社会科学研究中，作为统计的使用者，我们不需要知道这些统计分析的数学原理，只要能读懂它们就可以了。③呈现结果的格式和标准是怎样的？大家能很清楚地看到，对于结果小数点的保留通常是 2~3 位，对于

成绩这种较大的数字，一般保留两位，而对 t 值和显著性参数则是保留3位，因为常见的 p 值分界点包括0.05、0.01和0.001。而表格的格式也不是随意的，是参考了教育研究中的APA（American Psychology Association）格式。

不同专业的论文都有相应的格式规范和标准，除了刚刚提到的常用于教育学、心理学和很多科学学科的APA格式，还有主要在人文学科使用的MLA（Modern Language Association）和在艺术、历史和商业领域广泛使用的Chicago格式。在上述每一本格式手册中，都有呈现研究结果要包含的内容、格式与规范，如表格如何绘制、插图的要求等。从这一小节的内容我们不难看出，研究结果实际上是对研究结果报告的提炼和浓缩，具体到选择哪些内容呈现及如何呈现，是一件需要想象力和创造力的事情。由于每一种研究方法所对应的结果呈现方式都不尽相同，在刚刚开始从事研究的阶段，最好的方式是先参考使用了相同研究方法的文献，看这些文献的结果部分都呈现了哪些内容，是如何呈现的。在接下来的写作中，也可以模仿之前文献的写法，因为结果部分只对研究发现进行客观呈现和简单解释，并不包含任何观点和推论等。细心的读者可能已经发现，这一章到目前为止，还没有出现过参考文献。那是对应论文中的研究结果部分，它是唯一一章可以不出现参考文献的章节。

第二节　毕业论文写作篇

从研究结果报告中，筛选出我们需要的重要的结果后，就可以开始写作研究结果了。制图与制表在上面已经简要说明过，这一部分主要从整体框架和具体内容来呈现研究结果的写作。

（1）研究结果的整体框架和组织形式多种多样，研究者有充分的选择自由，原则一般是提供完整清晰和简洁的研究发现。完整性是指研究结果能够用于回答全部研究问题，这也能体现研究结果与研究问题的一致性，同时引出了组织研究结果最常用的方式。利用研究问题来切分研究结果，即有几个研究问题需要回答，研究结果就分为几节，每一节只呈现对应研究问题的结果。这样做的好处显而易见。一方面，可以将众多研究结果按照研究问题进行梳理归类，有的放矢，凸显出研究问题与研究结果的一致性；另一方面，也能方便读者阅读，让自己清楚地知道目前所看到的研究结果是针对哪个问题呈现的。在写作研究结果时，可以使用对研究问题的陈述概括作为一级标题。在一级标题下，按照分析方法的不同或者研究对象的不同等情况，分出二级标题作为呈现研究结果的基本框架。对于同一问题下的同类研究结果，一般按照重要性排序，先呈现最重要的研究结果，再提及其他研究结果。

　　清晰性是指所呈现的研究结果指向明确，不出现模糊的词汇和需要读者自行猜测的内容。例如，上面的 t-检验结果，在整理之前，存在男女、平均值等变量名称。除了研究者本人，其他人很难理解这些词汇到底是什么意思。而整理之后的表格，清晰地呈现了是什么样本的何种成绩。与此同时，对于结果中出现的任何图和表，都需要对应描述的文字，而不是将图表摆上，任由读者自行理解。简洁性是指研究结果不出现重复的内容，不使用专业性太强和相对复杂的描述来呈现结果。这一点尤其考验大家对于文字、表格和图的使用能力。要合理使用文字描述与图表来呈现研究结果，帮助读者更有效地理解研究结果。一般来说，能用几句话表述清楚的，不使用表格；能用一个表格说清楚的，就不画图。按照这一标准——表5-3如果不是作为例子出现，也是不应该放在表格中的。表里的内容其实一句话就能说清楚，即某班男生（$N = 10$）和女生（$N = 10$）的数学平

均成绩分别为 76.80 分（S. D. = 11.48）和 77.50 分（S. D. = 12.19），不存在显著差异（$t_{18} = -0.132$, $p = 0.896$）。

（2）研究结果的主要内容是对研究发现的客观陈述，以及对某些不太好理解的发现的进一步解释，而非研究观点或者推论。举一个简单的例子来说明这三种内容之间的差别。在某研究中，研究者测量了样本中 30 位男生和 30 位女生的身高，经过计算发现男生的平均身高为 1.76 米，女生的平均身高为 1.62 米。以上就是对研究发现的客观陈述。而对结果的进一步解释是指，男生平均身高 1.76 米，女生平均身高 1.62 米。这说明男生平均身高高于女生，而不是要解释为什么男生平均身高高于女生。在这个例子中，因为平均身高不难理解，所以是不是给出男生平均身高高于女生的进一步说明，在实际研究中其实不重要。但是当研究结果不那么容易理解的时候，对于结果的进一步说明就十分必要了。例如，在回归分析中，因变量 Y 与自变量 X 之间的回归系数为 0.80，这是对结果的客观陈述。但是对很多没有统计基础的读者来说，0.80 是什么意思呢？这就需要作者进一步说明。回归系数 0.80 的意思是，自变量 X 每改变一个单位，因变量 Y 相应地会改变 0.8 个单位。这样，即使没有学过统计的读者，也可以理解研究结果的意思。对研究结果的进一步解释或者说明，其实就是换一种更直白的方式，再一次客观陈述结果。

最后，什么是针对研究结果的观点或者推论呢？简单来说，就是在研究结果的基础上，去推测为什么会产生这样的结果。这其实是研究结果讨论，也就是下一章的重点内容。在这里，我们先继续上面的例子。当发现男生平均身高高于女生时，我们来推测一下可能的原因是什么。当然，在科学研究中的大部分推测不是基于个人经验和想法的，而是首先要基于过去研究的发现，也就是文献综述的内容。在这里，可能的推测之一就是，以往的研究发现，男生的平均身高是普遍高于女生的，因此在我们的样本中，男生平均身高高于女生是和以往研究发现保持一致的。如果我们的研究发现和以往研究发现出现了不一致的情况，那就还需要来解释不一致的原因可能是什么。这些都是下一章研究结果讨论的组成部分，在研究结果中只客观呈现研究发现。之前举的都是统计分析结果的例子，下面是简单的质性访谈数据分析结果的例子：

> 在（转化本地资源为教育教学资源）这一问题上，教师普遍认为可以通过融入课程设计和创建兴趣小组的方式将本地资源转化为教学资源。受访的20位教师中，有17位教师提及了课程融合、专题综合性学习等方式。其中，"专题综合性学习"出现7次，"课程研发"出现5次，"课程融合"出现2次。例如刘老师表示："转化成教学资源这个应该不难，语文课堂上延伸到梁山好汉的人物形象中是非常生动真实的，而且我也时刻在做；另外平日的学生行为映射到他们身上也具有很好的教育意义。"（课程融合）
>
> 李老师表示："将这些资源转化成学习专题，在英语学习上很方便，比如，我们当地的山水文化用于学习四季的一些句型、单词，同时也可以渗透同学们的情感。也可以用于学习英语中"My weekend plan"、"let's take a trip"这样的专题，主要用于练习句型等等。英语是一门语言类学科，最好的方式就是在具体情境中学习，那充分利用我们这样的教育资源不是最好不过的吗？"（专题综合性学习）

从上面这个段落中，我们可以看出质性分析结果的呈现，也遵循同样的原则，即只呈现客观发现。在上面这个例子中，是对访谈内容的总结及相

应的教师所说的话。其不同之处在于佐证统计分析结果的是数字，而佐证质性分析结果的通常是文字。到这里，研究结果的评价标准也就比较清楚了。首先，结果和研究问题是不是一致，是否足够回答研究问题；其次，是不是客观清晰地呈现了研究结果；最后，无论对哪种数据的分析，在呈现结果时，都需要提供相应的证据，如统计分析结果和质性数据的真实片段。写作研究结果的建议和写作研究方法类似，找一篇和自己使用同样研究方法的文献，分析文章中的研究结果是如何呈现的，文字、表格和图像之间的关系都是怎样的？在写作研究结果部分时，可以先模仿文献中好的结果呈现方式。

---- 本章要点 ----

科学研究实践篇

1. 在研究开展过程中，保持对研究尽可能详尽的记录。

2. 定期整理研究原始记录，先形成研究结果报告，再写作研究结果。

3. 多阅读和自己研究采用了相同研究方法的文章。

毕业论文写作篇

1. 按照研究问题的逻辑组织研究结果。

2. 合理使用文字、表格和图来清晰简洁地呈现研究结果。

3. 研究结果部分只客观呈现发现，和对发现的进一步说明，不做解释或推论。

4. 模仿高质量文献的结果呈现形式。

评价标准：

1. 研究结果与研究问题保持一致。

2. 研究结果客观清晰呈现。

3. 研究结果有充足的证据支持。

第六章　讨论研究结果和研究结果意味着什么

　　研究结果讨论这一章在论文中一般都被简称为讨论，从完整的名称上比较容易理解这一章的主要内容，即对研究结果进行讨论，而不是其他别的什么内容。如果前面出现的每一章，从引言到研究结果，都按部就班地完成好，讨论反而会变成最容易写的一章，而非被普遍认为的最难写的一章。回顾第三章文献阅读，讨论部分包含的主要内容是与以往研究相一致的发现（RCR），与以往研究不一致的发现（RIR），以及对一致与不一致的解释（INT）。从这里不难看出，讨论至少需要准备好自己的研究发现（研究结果一章的内容）和以往研究的发现（文献综述一章的内容）。通过对两者的对比，找到其中一致的部分和不一致的部分。说得学术一点，则是将自己的研究发现，放到整个研究领域的相关发现之中，来看研究发现到底意味着什么。认为这一章难写的原因，一般不是研究结果出了问题，通常是文献综述没有做好，无法进行结果对比。

　　讨论部分通过上述内容，最终的目的是逐一回答引言部分提出的研究问题。换句话说，通过将自己的研究结果与以往的研究发现进行对比、分析和阐释，拓展我们对此类研究问题或者研究领域的认识。讨论中出现的文献绝大多数来自文献综述，也有可能会查阅和增加少量新文献，尤其是

109

在阐释不一致的发现或者新发现的时候。从这个角度来看，研究结果中出现和预期不同的结果，可能不是大问题。无论什么结果，都是可以进行讨论的，大可不必卡在结果是否符合自己的预期上，这样也会更容易尊重研究结果的真实性。

第一节　科学研究实践篇

讨论部分可以看作对前面研究问题、文献综述、研究方法（可能会在解释不一致的发现时出现）和研究结果的整合。因此，前几部分的完善是进行结果讨论的基础，尤其是文献综述与研究结果。在开始写作前，我们可以先做好一系列的准备工作。为了更好地实现全文从研究问题到研究结果讨论的一致性，我们首先将研究结果按照研究问题的顺序进行总结，并将每个研究问题对应的研究结果用一到两句话进行总结，这也相当于对研究结果进行了总结。结果讨论，顾名思义，是要先回顾和总结研究结果的，而且需要总结得非常简洁凝练。接下来，要把与研究问题对应的文献综述部分的内容找出来，即哪些是与研究问题一相关的发现，哪些是与研究问题二相关的发现。

准备好上述内容，就可以进行匹配了。首先，将研究问题分开，一个一个来处理。如图 6-1 所示，从研究问题 A 开始，列出研究问题 A 对应的研究结果，再列出和研究问题 A 相关的文献综述。然后，逐一匹配，找到哪些研究发现与研究结果是一致的，哪些是不一致的。对于一致的研究结果，一般只需要提及和哪些研究发现是一致的就可以了，不需要做更多的解释。当研究情境或研究方法和过去研究有所不同时，可以进一步说明研究结果对该领域研究发现的补充和实证意义。对于和过去的研究发现不一致的结果，除了需要提及和哪些研究发现不一致，还需要进行解释，这往往需要一定的想象力和创造力。尽管如此，对不一致结果的解释在绝大多数情况下还是基于以往的研究的。由于有些不一致的结果可能是在文献综述中没有提及的，因此有时需要针对这些结果补充文献。很多和以往研究发现不一致的结果，通常都可以从过去研究中找到直接或间接的线索，帮助我们作出合理的推测与解释。按照上述步骤，逐一梳理每个研究问题的讨论结果，它们组成了讨论的主体部分。

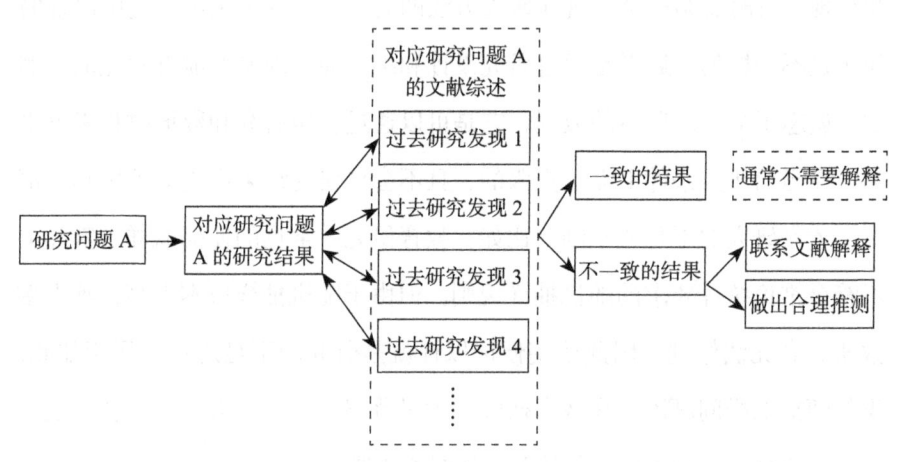

图 6-1 研究问题、研究结果和文献综述的匹配

接下来，需要基于对研究结果的讨论或者对研究问题的回答，重申研究意义，或者说研究的学术价值和应用价值。在研究问题处提出的研究意义，可以理解为回答上述研究问题的意义所在；而讨论后重申的研究意义，则是基于研究发现而呈现的具体的理论和实践价值，并与前面的意义相呼应。同样，可以使用每个研究问题对应的研究结果讨论来梳理研究意义，每一条研究意义都需要有相应的讨论作为证据支持。这里较为常见的

问题是脱离研究结果，空谈研究意义。研究意义中的应用价值可以进一步延伸，成为实践建议。例如，发现教师职业发展的高效模式，对将来开展教师培训或者教师职业发展，可以产生怎样的建设性意见。研究意义中的学术价值，则可延伸成为对未来研究的建议，清楚地呈现出本研究在整个研究领域中的学术价值，很自然地会指向将来有意义的研究方向。一个研究的容量通常有限（尤其是本科和研究生毕业论文），对应的建议在数量上也不会太多。

最后，每一个研究都存在不足或限制，一般在论文的最后需要总结和呈现，有时总结也会出现在研究方法的后面。研究不足和研究中出现的问题是不一样的，后者是通过研究设计和细致谨慎地操作能够避免的。例如，遗忘了某个对照组的数据，它是可以通过补做研究和数据收集来解决的。在当前研究条件下无法克服的，且不会对研究结果产生显著影响的情况，才是研究的不足或限制。比如，教育研究中常见的便捷取样，实际上不符合推论统计要求的随机抽样规则。但由于随机抽样成本太高，绝大多数研究者无法做到，因此使用便捷取样就是研究的不足之一。尽管如此，类似便捷取样问题因为在教育研究中太过普遍，有时候大家也不会特别提出。研究结果讨论后各部分的关系如图 6-2 所示。

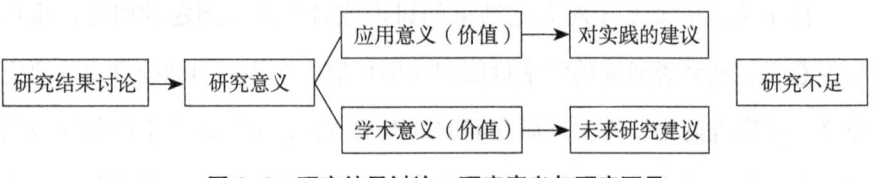

图 6-2 研究结果讨论，研究意义与研究不足

有些论文，视篇幅长短可能还有结论段（Conclusion）。基本原则就是论文越长，就越需要结论段。因此，在毕业论文中，结论往往可以在讨论

之后独立成章，但在期刊论文中则较为少见。结论段需要简洁地概括研究问题和重要研究发现，一般不会超过两段，因为只是对前面内容的总结，在这里不再详细说明。清楚了以上关系并梳理好书写讨论的内容后，就可以开始写作讨论部分了。

第二节　毕业论文写作篇

按照上面的框架，讨论部分的主体可以按照"结果总结 + 对比之前的研究发现 + 解释"来组织一个段落。参考下面期刊论文中的例子（毕业论文中的讨论部分篇幅较长，但逻辑一致）：

> 小学在职语文教师的系统化能力显著高于职前教师。研究结果与周宇剑[22]所做研究一致。系统化能力指的是人们处理事件时的组织性和计划性，在职教师系统化能力高于职前教师的原因可能是：在职语文教师的实际工作要求教师具有良好的组织性和计划性，而职前教师相对于在职教师而言实践操作较少，组织协调能力未完全激发。❶

首先，上面段落中的第一句话总结重申了对应的研究结果，即小学在职语文教师的系统化能力显著高于职前教师。其次，对比了这一研究发现与以往研究发现的关系，即研究发现是与以往研究相一致的。最后，通过

---

❶ 邢聪慧，顾建军，杨洋. 小学职前教师与在职语文教师的批判性思维倾向研究 [J]. 教育导刊，2021（5）：45-46.

联系一线教学实践经验，解释了在职语文教师的系统化能力高于职前语文教师的可能的原因。大家可以把上面这一小段内容看作组成结果讨论部分的基本单元，结果讨论部分的主体就是由一系列这样的单元组成。在对比当前研究结果与以往研究结果时，通常会涉及更多的以往研究结果，有时也会从更多角度进行对比。例如，同时对比研究方法与研究结果，这可能会为下一步解释一致或不一致的发现提供参考。

完成结果讨论的主体部分后，会重申研究的意义。除了单纯关注理论或者实践的研究，绝大多数研究同时存在理论意义与实践意义。参考下面这段文字中对于研究意义的描述：

> 本研究的研究成果一方面有助于推动研究生教育中导生互选机制的改革，降低目前"研究方向论"和"性格论"的主导性影响；另一方面，基于个人内在行为动机的导生互动模式分类还可以帮助导生双方反思个人对于教育内涵的理解，角色定位的把握，并能够意识到异己观点的存在，进而能更系统、动态地看待教育目的与师生互动的本质。此外，对"关导"的双重内涵和不同互动模式所呈现的导生特点，话语风格以及蕴含的潜在风险和挑战的明晰也有助于政策制定者出台相应的管理条例，为阐明导生责权，规范互动行为提供坚实依据。❶

上面对于研究意义的描述出现在文章的最后一段，其中，前半部分更倾向于理论意义，即在"研究方向论"和"性格论"之外思考其他的可能

---

❶ 王卓，常桂香，辛雅洁，杨洋. 社交网络时代我国研究生与导师的"典型"互动模式 [J]. 2022，10（5）：1043-1052.

性，并且系统、动态地看待师生互动；后半部分则是研究的实践意义，即对于导师与研究生双选政策的作用。

讨论部分的主体根据研究问题来——呈现是较为简单和合理的做法。在简要介绍整个讨论部分要呈现的内容后，可以使用对研究问题的简短陈述作为二级标题逐一讨论。例如，当研究问题是"性别和年龄与学生数学成绩之间有何种关系？"时，针对这一问题的结果讨论，就可以放在二级标题"性别和年龄与学生数学成绩之间的关系"之下。针对每个研究问题，通常会按照上面例子中的顺序进行讨论：

（1）简要总结研究结果。

（2）介绍与以往研究一致的结果（RCR）。

（3）介绍与以往研究不一致的结果（RIR）。

（4）联系文献对不一致的结果进行解释（INT）。

（5）总结并回答研究问题（RQ-ANS）。

讨论完每一个研究问题后，再次强调研究的意义（Implication），并在此基础上，提出相应的对未来研究的建议。研究不足既可以作为讨论的最后一小节，也可以作为研究方法的最后一小节。

写作结果讨论部分容易出现的两个问题：一是使用过多篇幅重复描述研究结果，而不联系文献综述进行讨论或者只有有限的对结果的讨论；二是讨论研究结果时，脱离了结果本身和以往研究发现（文献综述），完全依靠个人经验进行猜测和想象。按照前面的章节要求进行相对全面和扎实的文献综述，并客观呈现研究结果，就能有效避免上述两种情况的发生。

―――――― 本章要点 ――――――

科学研究实践篇

1. 研究结果讨论是对研究问题的正面回应。

2. 研究结果讨论本质上是对比当前研究结果与以往研究发现（文献综述），并提出合理的解释。

3. 研究结果讨论需要与研究问题、文献综述与研究结果保持高度一致。

4. 研究意义与研究不足及未来研究方向十分简短，但它们都是结果讨论部分不可或缺的一部分。

5. 在写作结果讨论部分时，往往都需要根据实际情况补充文献。

6. 任何研究或实践建议的提出，都不要超出研究的实际发现。

毕业论文写作篇

5. 讨论（在以往研究的背景下回答研究问题）

5.1 研究问题一的讨论

5.2 研究问题二的讨论

5.3 研究问题三的讨论

5.4 研究意义、研究不足与未来研究方向

评价标准：

1. 比较文献综述与研究发现，明确一致的与不一致的研究发现。

2. 联系文献综述或新的文献，对（一致/不一致）的研究发现进行解释。

3. 通过对研究结果的讨论，明确回答了研究问题。

4. 清楚陈述了（本研究）的局限与不足。

5. 清楚陈述了（本研究）对理论和实践的意义。

6. 清楚陈述了将来研究的方向。

第七章 生成式人工智能辅助科学研究与论文写作

自 2022 年 11 月 30 日 OpenAI 公司发布 ChatGPT 3.5 以来，生成式人工智能（Generative Artificial Intellengce，GenAI）给学术界带来了巨大冲击，不同领域的学者对 GenAI 在学术研究和写作中的应用还处在探索阶段，且依旧充满争议。本章将简要总结 2024 年 10 月前发表的 GenAI 相关政策指导和主要的实证研究发现，并以 ChatGPT 为例，探索 GenAI 在社会科学研究和论文写作中的实验性应用。具体来说，本章旨在探讨三个问题：

（1）给 ChatGPT 一个论文题目，它能不能写出一篇质量还说得过去的学术论文？

（2）如果 ChatGPT 只要短短几秒就能写出一篇学术论文，那我们数年苦读后，辛苦地做社会科学研究、写论文，还有意义吗？

（3）如何在研究和论文写作中规范、高效地使用 ChatGPT？

第一节 生成式人工智能（GenAI）简介

联合国教科文组织（UNESCO）对 GenAI 的定义：在以自然语言交流的人机交互界面中，能够根据提示自动生成新内容的一种人工智能技

术[1]，生成的内容可以是多模态的，如文字、图像、视频、声音和代码等。GenAI的工作原理是建立以收集网页、社交媒体和其他网络信息为源数据的大型语言模型（Large Language Model，LLM），通过机器学习和神经网络等方法分析和识别现有数据中的模式，并加以分类，最后从中提取最恰当的数据，以此来实现预测和生成新信息的功能。比如，在特定语境下，某个汉字更可能和哪个汉字以何种顺序一起出现。此外，GenAI还有强大的自然语言理解能力，相比传统的聊天机器人，GenAI能够更好地理解指令，并在人机交互的对话过程中一直保持对前文的记忆和理解。这一特点使使用者能够不断加深和GenAI的交流，直到取得预期的结果。

在科学研究和论文写作的语境下，GenAI输出的内容是否为创"新"存在悖论。表面上，GenAI中的"生成"（generative）在剑桥英语词典中的第一条释义是"有生产能力的，创新的"，让人误以为GenAI可以创新。GenAI在情境理解、文本生成，总结和翻译等方面的确具有强大的功能。看上去，它输出了过去没有的文本、图表和声音等，但生成的所谓新内容是完全基于原始训练数据和输入数据的。通俗点来说，GenAI的输出是根据输入信息，从自己的数据库中"东拼西凑"而来的，它对真实世界一无所知。因此，对超出自身数据库范围，或者原始数据量相对较少的领域的问题，GenAI无法直接提供答案。举个例子，如果你问ChatGPT"从2005年到2024年，在机器学习领域一共发布了多少篇经过同行评议的论文？"它可能会提示你从以下三个数据来源去寻找答案，包括学术数据库、学术研究报告，以及预印本服务器与会议数据库。因为ChatGPT自身的数据库是没有包含上述三种学术数据库的，所以它不能直接回答这个问题。对

---

[1] HOLMES W, MIAO F. Guidance for Generative AI in Education and Research [J]. UNESCO Publishing, 2023: 8.

于科学研究工作者来说，发现、理解、解释自然或社会现象才是我们的目的。从这个角度看，GenAI并不能产生新的思想或解决真实世界中的问题。

GenAI生成的内容不但不是创新，反而可能有错误。这就是人工智能的幻觉现象（AI Hallucinations），即GenAI会生成看似合理，其实完全错误和虚假的内容。OpenAI提醒其用户，虽然像ChatGPT这样的工具可以生成看似合理的答案，但其准确性和可靠性是无法保证的。[1] 由于GenAI的错误回答经常极具迷惑性，如果使用者没有足够的专业知识就很难发现，因此GenAI在辅助学术活动时，输出的内容质量高低完全取决于使用者的专业知识水平。例如，一位建筑师利用GenAI来完善自己的设计图纸，在这一过程中采纳GenAI提供的正确建议，及时发现并修正错误，最终通过多轮的反复修改形成比较完善、可以使用的设计图。这对于不具备或者没有足够建筑专业知识储备的人而言，即使有GenAI的帮助，也无法完成。这是因为对GenAI提出合理的指令、判断输出内容的质量，不断循环调整完善输出结果，这一切都需要以拥有足够的专业知识为前提。工程中的真假对错常有客观的判断标准，但对于纷繁复杂的社会科学研究，真假、对错经常不是简单的二元对立。此外，GenAI还存在偏见、信息安全和知识产权等方面的潜在风险。用两个词来总结GenAI生成内容的特点，即通顺却未必属实[2]，这就要求GenAI的使用者时刻保持批判性思考，对输出信息要多方求证。

在GenAI输出内容"新与不新"的悖论的基础上，我们可以进一步发

---

[1] OpenAI, 2023. Does ChatGPT tell the truth[EB/OL]?. San Francisco, OpenAI. Available at: https://help.openai.com/en/articles/8313428-does-chatgpt-tell-the-truth（Accessed 29 Oct. 2024.）

[2] VAN DIS E A, BOLLEN J, ZUIDEMA W, et al. ChatGPT: Five Priorities for Research [J]. Nature, 2023, 614（7947）: 224-226.

现：一方面 GenAI 在辅助研究及写作，学界已经在探索它在诸如发展研究问题，根据研究问题提出研究设计大纲，辅助文献综述写作，部分数据分析的自动化等方面的可能性。另一方面，GenAI 无法独立"思考"和对现实世界一无所知的特点，使它无法替代科学研究者在研究和写作过程中的主体性。有些任务，如观察发现生活中亟须解决的问题，或对一个社会现象产生深刻的认识，GenAI 既不能做，也做不好。尽管如此，这"能与不能"的界限是模糊且可跨越的。在个人层面，GenAI 的使用会因研究者对科技手段的了解程度和使用方式、研究方法的选择、写作习惯而不同；在宏观层面，GenAI 的使用涉及研究范式、伦理和学术规范，以及学术机构（学校、期刊和出版公司等）的使用规定等。面对这样复杂的情况，一个开放、透明且严谨的态度会帮助我们更好地探索 GenAI 与社会科学研究和写作结合的无限可能。

第二节　生成式人工智能中的提示工程

提示工程（Prompt Engineering / Prompt Design，Prompt Programming）指在与大语言模型（Large Language Models，LLM）互动时撰写输入指令的过程和技巧，以生成更贴近用户预期的输出。[1] 提示工程在 AI 领域牵涉复杂的计算机和统计原理，已有主流媒体报道提示工程师这个新兴职业在 2023 年的年薪已经超过了 33 万美元[2]，侧面证明了提示工程在人工智能、

---

[1] HOLMES W, MIAO F. Guidance for Generative AI in Education and Research [J]. UNESCO Publishing, 2023：8.

[2] POPLI N. The AI Job That Pays Up to $335K—and You Don't Need a Computer Engineering Background [EB/OL]. New York: TIME USA, 2023 [2024-10-29]. https://time.com/6272103/ai-prompt-engineer-job.

特别是大语言模型应用中的重要程度。理解提示工程的基本原理并合理应用，可以提高 GenAI 输出内容的正确性、相关性和连贯性[1]，使 GenAI 在协助我们研究和写作时更有效率。

首先，使用简明清晰的语言来下指令可以得到更好的输出。这意味着使用者的输入越符合语言规范和正确用法，避免使用复杂或引起歧义的语言，GenAI 就越能理解其需求，从而提供更符合预期的回答。这里提示工程和传统搜索引擎的搜索技巧，尤其是第三章中"如何检索符合研究主题的文献"有相似之处：关键词和提示词的选择会决定我们得到的检索结果，关键词的同义词、近义词及关键词之间的逻辑关系，也在我们要考量的范围之内。针对检索到的文献或 AI 的回答，我们需要判断它与研究主题的相关程度，并根据结果不断调整关键词或提示词，以取得更好的检索效果。给予 GenAI 指令与使用搜索引擎检索文献的不同之处在于，指令输入不仅涉及关键词的选择，对使用者的语言输入要求也更多。常见的技巧有描述具体情境、提供例子，描述预期输出等，这些将在后文案例分析中具体讨论。

其次，与 GenAI 的互动通常是循环往复的对话过程，这使使用者可以不断地提炼、修改、追问，直到得到自己预期满意的输出结果。在美国科罗拉多州博览会上获奖的 AI 生成图像《太空歌剧院》，就经过了数周的提示词撰写，生成了数百幅图像，并对作品进行不断细致调整的过程。同时，我们还可以把大任务分解成多个小任务，逐步解决和完成。拿毕业论文写作和修改为例，可以根据不同部分的特点，把看起来让人望而生畏的论文写作分成更好应对的一个个章节、部分乃至段落，分开完成。

---

[1] CHEN B, ZHANG Z, LANGRENÉ N, et al. Unleashing the Potential of Prompt Engineering for Large Language Models [J]. Patterns，2025：5

总体来说，提示工程是有效使用 GenAI 的关键，UNESCO（2023，第12页）对提示词的书写提出了以下四项原则：

（1）使用简明、清晰、直白的语言，避免复杂或含糊不清的表达。

（2）提供示例，说明期望的回复或生成内容的格式。

（3）提供必要的上下文信息，这是生成相关且有意义内容的关键。

（4）根据需要进行调整，多次尝试不同的输入。

掌握了提示工程的基本原理和使用原则，有助于我们更有效率地使用 GenAI。通过在不断的探索尝试中总结出适用于自己研究和写作任务的提示词，并把它们集中整理保存起来，不断充实自己的"提示词银行"（Prompt Bank）。

第三节 生成式人工智能辅助研究与写作的建议

为了在社会科学研究与写作中使用 GenAI 达到最佳的实践结果，研究者除了要掌握自己的学科知识、研究方法和学术写作技巧之外，还需要掌握 GenAI 的功能、局限及使用方法（提示工程）。GenAI 的使用门槛看似很低，甚至比搜索引擎使用起来更加简单。但考虑到检查结果、验证信息、辨别真伪，并最终把它生成的内容融入自己的研究和论文中，这一过程并不简单。例如，实证研究对于使用 GenAI 是否能提高文献综述的写作速度这一问题就存在不同的意见。以医学类的文献综述写作为例，GenAI 辅助写作（相比于没有 GenAI 辅助的纯人工写作），就出现了减少总体写作时间[1]和需要

---

[1] MARGETTS T J, KARNIK S J, WANG H S, et al. Use of AI Language Engine ChatGPT 4.0 to Write a Scientifc Review Article Examining the Intersection of Alzheimer's Sdisease and Bone [J]. Current Osteoporosis Reports，2024，22（1）：177-181.

花费更多时间❶两种截然不同的结果。已有学者针对人与AI互动过程中的"自动化偏好"（Automation Bias）展开研究，社会心理学家发现，人类行为者往往会不加批判地依赖自动化系统来做决定。❷这一现象在人机交互的不同领域，如航空、医疗、政府行政决策等领域都会出现。目前，尚无针对GenAI和研究者互动中是否会受到自动化偏好的影响的研究。但是这个偏好在其他人类活动中的存在提醒着我们，在使用AI辅助学术活动时，要时刻保持批判的态度，了解GenAI的功能和局限，不要盲目接受它呈现的内容。

从最佳实践的角度出发，GenAI辅助学术研究和写作，需要研究者综合学科知识、研究技能，结合自己研究的具体情况和对GenAI的使用程度来综合考量。根据对GenAI的整合程度，它在学术中的应用可分五个阶段（见表7-1）。

表7-1 学术研究和写作中整合GenAI的能力分级

GenAI整合程度	使用者	使用者的能力描述
无GenAI辅助	GenAI新手	几乎没有理解或经验 对GenAI的能力或限制缺乏认知 没有在学术工作中整合GenAI 任务完全依靠学生自身的知识完成

---

❶ AWOSANYA O D, HARRIS A, CREECY A, et al. The Utility of AI in Writing a Scientific Review Article on the Impacts of COVID-19 on Musculoskeletal Health [J]. Current Osteoporosis Reports, 2024, 22（1）: 146-151.

❷ ALON-BARKAT S, BUSUIOC M. Human-AI Interactions in Public Sector Decision Making: "Automation Bias" and "Selective Adherence" to Algorithmic Advice [J]. Journal of Public Administration Research and Theory, 2023, 33（1）: 153-169.

续表

GenAI 整合程度	使用者	使用者的能力描述
GenAI 辅助的研究思路发展	GenAI 初学者	对 GenAI 工具有基本了解 执行简单任务（头脑风暴、生成文本） 侧重于学习和探索 GenAI 基本功能
GenAI 协作	GenAI 使用较好	使用 GenAI 完成多种任务 掌握工具在学术环境中的使用 对复杂应用仍可能需要指导 理解一些伦理考虑和限制
全面 GenAI 整合	GenAI 使用熟练	对 GenAI 有深入理解 使用 GenAI 作为协作伙伴 整合工具完成复杂的学术任务 控制和定制输出 深入理解伦理和偏见问题 具备批判性评价输出的能力
高级 GenAI 整合	GenAI 使用专家	拥有广泛的经验和深厚的知识 利用 GenAI 生成创造性作品 使用工具进行创新 对技术、限制、伦理以及未来发展有全面理解

资料来源：PARKER J L，RICHARD V M，ACABÁ A，et al. Negotiating Meaning with Machines：AI's Role in Doctoral Writing Pedagogy [J]. International Journal of Artificial Intelligence in Education，2024：1-21.

无 AI 辅助阶段，完全依赖传统方法；初学者阶段，掌握基本功能，用于拓展思路；协作者阶段，较熟练使用 GenAI 执行多任务，关注伦理问题；全面整合阶段，能定制输出，独立完成复杂任务并批判性评估内容；专家阶段，具备丰富经验，能创新性应用，全面理解技术的伦理和未来发展。这些阶段的划分为研究者提供了清晰的成长路径，帮助其有效整合 GenAI 以提升学术研究与写作能力。

目前，学界对于使用 GenAI 完成学术写作抱着审慎的态度。GenAI 独立生成的学术文本会呈现诸多错误和问题，其中包括但不限于：文献来源缺失、编造或部分错误❶❷❸、抄袭和编造❹、写作缺乏深度、研究参与者隐私泄漏风险❺、偏见（刻板印象❻、种族歧视❼、性别歧视❽、少数族裔的边缘化❾）、缺乏多元角度以及文本多样性❿⓫、过度依赖 AI 影响学术写作技能

---

❶ GARG S, AHMAD A, MADSEN D Ø. Academic Writing in the Age of AI：Comparing the Reliability of ChatGPT and Bard with Scopus and Web of Science [J]. Journal of Innovation & Knowledge, 2024, 9（4）.

❷ WU R T, DANG R R. ChatGPT in Head and Neck Scientific Writing：A Precautionary Anecdote [J]. American Journal of Otolaryngology, 2023, 44（6）.

❸ KING M R. Can Bard, Google's Experimental Chatbot Based on the Lamda Large Language Model, Help to Analyze the Gender and Racial Diversity of Authors in Your Cited Scientific References? [J]. Cellular and Molecular Bioengineering, 2023, 16（2）：175-179.

❹ HUANG J, TAN M. The role of ChatGPT in Scientific Communication：Writing Better Scientific Review Articles [J]. American Journal of Cancer Research, 2023, 13（4）：1148.

❺ ATKINSON A G, LIA H, NAVARRO S M. Advancing Scientific Writing with Artifcial Intelligence：Expanding the Research Toolkit [J]. Global Surgical Education-Journal of the Association for Surgical Education, 2024, 3（1）：74.

❻ SHELBY R, RISMANI S, HENNE K, et al. Sociotechnical Harms of Algorithmic Systems：Scoping a Taxonomy for Harm Reduction. In ROSSI F, DAS S, DAVIS J, et al（Eds.）. ACM, 2023：723-741.

❼ FRASER K C, KIRITCHENKO S, NEJADGHOLI I. Diversity is Not a One-way Street：Pilot Study on Ethical Interventions for Racial Bias in Text-to-image Systems [J]. 2023：1-5.

❽ SUN L, WEI M, SUN Y, et al. Smiling Women Pitching Down：Auditing Representational and Presentational Gender Biases in Image Generative AI [J]. arXiv, 2023b：1-33.

❾ WANG W, JIAO W, HUANG J, et al. Not All Countries Celebrate Thanksgiving：On the Cultural Dominance in Large Language Models [J]. arXiv, 2023b：1-16.

❿ MANNURU N R, SHAHRIAR S, TEEL Z A, et al. Artificial Intelligence in Developing Countries：The Impact of Generative Artificial Intelligence（AI）Technologies for Development [J]. Information Development, 2023：62.

⓫ NANNINI L. Voluminous Yet Vacuous? Semantic Capital in an Age of Large Language Models [J]. arXiv preprint arXiv：2023, 2306.01773：3.

发展❶❷等。这些局限提醒我们在使用AI中保持批判性思考，作出合理判断。最新的GenAI模型已经展现出扩展研究框架、增强数据探索，以及充实文献综述的巨大潜力。❸❹尽管如此，仍然需要大量的实证研究来界定GenAI可能解决的问题和预期成果的潜在应用领域，验证结果的有效性和准确性，同时确保GenAI的使用不会削弱人的主导作用。联合国教科文组织在2023年发布的《生成式人工智能在教育和研究中的使用指南》中，对用于研究目的的GenAI使用给出了建议性的指导。

表7-2总结了GenAI在学术研究中的潜在应用，包括作为研究大纲顾问和数据探索及文献综述工具，并且详细说明了这两种用途的预期结果、工具选择、对使用者的要求及潜在风险。GenAI作为研究大纲顾问时，主要目的或预期结果是辅助使用者提出研究问题，回答使用者关于研究的相关问题，并根据研究问题提出适当的研究方法，根据使用者整合GenAI的能力。GenAI也可以从简单的研究大纲顾问转变为一对一的研究计划教练。在这一过程中，使用者需要对研究问题有基本的理解，具备验证信息的能力，尤其是识别GenAI提供的不存在的研究论文。因

---

❶ DE ANGELIS L，BAGLIVO F，ARZILLI G，et al. ChatGPT and the Rise of Large Language Models：The New AI-driven Infodemic Threat in Public Health [J]. Frontiers in Public Health，2023，11：1-8.

❷ DERGAA I，CHAMARI K，ZMIJEWSKI P，et al. From Human Writing to Artificial Intelligence Generated Text：Examining the Prospects and Potential Threats of ChatGPT in Academic Writing [J]. Biology of Sport，2023，40（2）：615-622.

❸ CASTILLO-MARTÍNEZ I M，FLORES-BUENO D，GÓMEZ-PUENTE S M，et al. AI in Higher Education：A Systematic Literature Review [J]. In Frontiers in Education. Frontiers Media SA，2024（9）.

❹ KHALIFA M，ALBADAWY M. Using Artificial Intelligence in Academic Writing and Research：An Essential Productivity Tool [J]. Computer Methods and Programs in Biomedicine Update，2024.

此，使用者需要在研究问题相关的基本概念、研究方法及预期研究结果和格式方面有基本的学术训练。使用 GenAI 作为研究大纲顾问时，可能产生的潜在风险则包括生成虚假信息，如呈现不存在的研究，以及使用者可能会直接复制和粘贴生成的研究大纲。这可能减少初学者通过试错获得的学习机会。

表 7-2　GenAI 在研究中的（潜在）应用

潜在应用	预期结果	工具选择	对使用者的要求	研究者需要接受的训练	潜在风险
研究大纲的顾问	1. 提出和回答研究问题提出适当的研究方法 2. AI 身份的潜在转变：从研究大纲的顾问到研究计划 1 对 1 教练	评估各类 GenAI 工具是否在本地可访问、开源、经过权威机构严格测试或验证	1. 研究者必须对研究问题有基本的理解 2. 研究者应培养验证信息的能力，尤其是识别 GenAI 提供的不存在的研究论文	在研究问题（如目标受众、问题背景等）相关的基本概念，以及研究方法、预期结果和格式有基本训练	1. 虚假信息（如不存在的研究） 2. 可能会直接复制和粘贴生成的研究大纲，这可能减少初学者通过试错获得的学习机会
数据探索和文献综述工具	1. 自动收集与研究相关的信息，探索各种数据，提出文献综述草案，数据分析和解读的自动化 2. AI 身份的潜在转变：数据探索和文献综述 AI 训练师	进一步考虑每种 GenAI 工具的优势与问题，并确保它能有效解决特定的人类需求	研究者必须对分析数据的方法和技术有扎实的知识	渐进式地定义问题，数据范围及其来源，文献综述方法，预期结果及其格式	1. 伪造信息、不当处理数据、可能违反隐私、未经授权的剖析以及性别偏见。 2. 主流文化的强化及其对多元观点的威胁

使用 GenAI 作为数据探索和文献综述的工具时，预期结果包括自动收集与研究相关的信息，探索各种数据，提出文献综述的草案，以及数据分

析和处理的自动化。在这一过程中，研究者需要对分析数据的方法和技术有扎实的知识，并且接受过诸如渐进式地定义问题、数据范围及其来源、文献综述方法等方面基本的学术训练。GenAI 可能存在的潜在风险包括生成虚假的信息、不当处理数据、可能违反数据隐私、未经授权的分析及性别偏见等，并且由于生成的内容更倾向于强化主流文化（主流文化的数据量更大），会对多元观点产生威胁。无论 GenAI 的角色如何，在工具选择上，使用者都需要评估各类 GenAI 工具是否在本地可访问、开源、经过权威机构严格测试或验证，并进一步考虑每种 GenAI 工具的优势与问题，并确保它能有效解决特定的人类需求。带着这样的原则出发，我们鼓励同学们积极探索、尝试不同的 GenAI 工具。例如，常见的对话式 GenAI 就包括 ChatGPT、Gemini、文心一言、Kimi 等；专门协助文献检索的 GenAI，如 Consensus、Elicit、Research Rabbit、Scite、Semantic scholar 等。其中，一些 GenAI 已经被整合在搜索引擎或者常见的办公软件中，如整合了 ChatGPT 的 Microsoft 365 Copilot 办公软件。高速发展的 GenAI 领域需要同学们勇于尝试、探索和开发，这个过程也是培养 AI 素养、提高自己作为研究者的综合研究素质的过程。

第四节　使用生成式人工智能的相关政策

随着 GenAI 的迅猛发展和普及，制定相关政策势在必行。各国政府教育相关部门总体对 GenAI 的使用保持谨慎态度，鼓励合理使用 GenAI 的同时，防止其滥用。包含剑桥大学、牛津大学等 24 所英国高校的罗素集团，于 2023 年 7 月 4 日改变了过去禁止使用 GenAI 的立场，转变为在很大程度上接受其使用。许多学术出版商已开始明确规定，禁止在未经许可的情况下使用 GenAI 生成的内容进行投稿，尤其强调 GenAI 不能被列为作者。现有的对于 GenAI 的政策具有以下几个显著特点。

（1）透明性。许多政策要求学术论文或作业中若使用 GenAI 工具，必须明确声明该工具的使用情况。这种透明性要求旨在防止抄袭和学术不端行为。

（2）工具辅助，非替代性。一些政策允许 GenAI 作为辅助工具使用，但明确规定不能完全依赖它生成内容。GenAI 应起到辅助学术工作的作用，而非替代研究者的思考和分析。

（3）合规性和伦理审查。部分出版商和高校设立了专门的伦理审查委员会，以确保 GenAI 的使用不会违反学术诚信和出版道德。

（4）相关政策仍在制定和不断完善中，不断变化。

对于研究者来说，GenAI 的使用应遵守所在机构或出版商的规定，并保持学术透明。使用 GenAI 工具时，应明示该工具的作用，避免在未标注的情况下使用其生成的内容。此外，随着各类政策的完善，我们应随时跟进政策变化，确保自己的研究和论文符合最新的学术规范与伦理要求。

回到本章开头提出的三个问题。

问题一：给 ChatGPT 一个论文题目，它能不能写出一篇质量还说得过去的学术论文呢？

答案是目前还不能确定。相信通过对前面内容的阅读和思考，我们可以和读者在这个问题上取得共识：在现有的科技水平下，ChatGPT 从功能、伦理、政策规定等角度，都无法独立完成一篇质量良好的学术论文。随着人工智能的不断发展，它能够更好地协助我们的科学探索，但是在未来一段时间内，它仍旧无法代替研究者完成研究和论文写作。

问题二：如果 ChatGPT 只要短短几秒就能写出一篇学术论文，那我们数年苦读后，辛苦地做社会科学研究、写论文，还有意义吗？

答案是有意义。学术研究和写作是对知识的创造和传播的过程，GenAI 辅助研究和写作是大势所趋。无论从青年学者面临的巨大发表压力这样的现实角度，还是人工智能发展能给各领域研究带来新思路、新发展的理想主义角度来看，技术的发展都应该成为知识创造和传播中的促进因素。这一问题的关键在于研究者的主体性。GenAI 会承担一部分研究者的思考内容，如对输入信息的加工和整合、提供头脑风暴的框架和流程等，也会存在一定的局限和产生错误信息的风险。当研究者不可避免地把研究的一部分工作交给自动化工具时，我们应该认真思考以下问题。

（1）哪些研究任务不应该外包给 GenAI？

（2）哪些学术技能和素质对于研究者来说仍然是必不可少的？

（3）在 GenAI 辅助的研究过程中，哪些步骤需要人工验证？

（4）为应对 GenAI，应如何调整学术伦理和其他相关政策？

各大科技公司如 Meta、Google 等也在积极尝试基于学术资源的，可以专门用于学术目的的 GenAI，但目前尚没有可以广泛应用、面向大众开放的产品。在期待更可靠的工具开发、应对复杂升级的学术环境的同时，我们鼓励同学们对这些问题保持开放、不断讨论的态度。

第五节　生成式人工智能辅助研究与论文写作的实践

本章开头提出的第三个问题"如何高效使用 GenAI 辅助社会科学研究和论文写作"，将在这一部分得到回答。作者选用的 GenAI 工具是由 OpenAI 开发的 ChatGPT 的最新版本 GPT-4。作为 GenAI 的代表性工具，

ChatGPT 能够基于输入生成连贯文本，支持多语言对话、信息检索、文本改写和图表生成和编程辅助等功能，广泛应用于教育、写作和软件开发等领域。本部分分节回顾与结合第一章到第六章的研究与写作的原理，以此为基础对 ChatGPT 输入指令及反馈结果，协同完成研究任务与论文写作。在进入正式讨论之前，我们再次强调使用 GenAI 工具辅助研究与写作，需要研究者具备足够的学科背景知识，研究与论文写作知识，以及清楚了解基本的规范与伦理准则。

一、科学研究的基本框架（回顾第一章 科学研究是什么）

本书的第一章讨论了科学研究的一般过程，即"从研究问题到资料收集、资料分析，逐步形成理论，再提出新的研究问题"，这样一个不断循环发展的过程；也以简单的小学科学探究实践活动为例，呈现了一次完整的科学探究的基本流程，即提出问题（做出假设）、制订研究计划、搜集信息、处理信息、得出结论、表达交流和评价反思。接下来的研究与写作实践将围绕上述实证研究的框架展开，使用 ChatGPT 辅助其他类型的研究论文如综述文章、概念性论文等，可以参考上述流程中的对应环节。

让 ChatGPT 提供实证研究的基本框架是展开与 GenAI 对话的不错的开始。图 7-1 呈现了与 ChatGPT 的第一轮对话，列出了实证研究（论文）的七个主要部分，只有使用者具备了实证研究与论文写作的背景知识（见第一章与第三章），才能判断 ChatGPT 给出的内容是否可靠。联系前面章节的内容，我们判断输出内容基本正确。在此基础上，我们可以让 ChatGPT 使用二级标题展开某个部分（见图 7-2），研究方法的知识见第

四章。不难看出，ChatGPT列出的六种研究方法的内容是没有问题的。可能因为研究内容不同，在细节或者顺序上会有所调整。例如，在实验研究中通常将研究程序放在开头介绍，但是按照这个框架来开展研究和进行论文写作是符合学术规范的。大家可以尝试提出不同的问题让ChatGPT将框架详细展开并加以描述，并联系本书前面章节的内容对它生成的内容进行质疑、追问、修正和选择。在这一过程中，熟悉提问的基本技巧，以及在不断地交流过程中，优化ChatGPT的产出内容，使之更符合我们的需求。但要时刻谨记，除了对实证研究范式的基本知识，足够的专业知识也是判断生成的内容是否准确可靠的重要基础。ChatGPT在实证研究框架方面的表现相对优异和稳定的一个主要原因是，这方面的知识体系相对成熟，有大量的研究先例和较成熟的研究范式。

> 给我提供一个实证研究的基本框架，简要版，只保留一级标题

实证研究的基本框架（简要版）：

1. 研究问题与目的
2. 文献综述
3. 研究设计与方法
4. 数据分析
5. 研究结果
6. 讨论与结论
7. 参考文献

这个简要框架帮助理清实证研究的关键步骤，为后续的详细分析提供结构。

图 7-1　与 ChatGPT 就实证研究论文基本框架的对话

> 呈现研究设计与方法的二级标题
>
> 研究设计与方法的二级标题可以包括以下内容：
> 1. 样本选择
>   - 定义研究对象、抽样方法、样本量等。
> 2. 变量与操作定义
>   - 说明独立变量、因变量和控制变量的定义与测量方式。
> 3. 数据收集方法
>   - 具体描述数据获取的方法，如问卷调查、访谈、实验等。
> 4. 研究工具
>   - 介绍研究中使用的工具或设备（如问卷、测量仪器）。
> 5. 研究程序
>   - 阐明研究的实施步骤、时间安排和环境设置。
> 6. 数据处理与分析方法
>   - 选择数据分析方法（如描述统计、回归分析），并说明其合理性。
>
> 这种框架可帮助系统化地展示实证研究的设计和执行方法。

图 7-2　与 ChatGPT 就展开研究设计与方法的对话

（二）渐进式提出研究问题（回顾第二章 研究问题与为什么要研究这个问题）

本书的第二章讨论了提出研究问题的几种可能的情境，包括导师提供或通过其他方式获得明确的研究问题，与导师或专家讨论确定研究问题，以及使用思维导图等工具自己寻找研究问题。在这一过程中，ChatGPT 显然不能完全代替导师和专家帮助我们确定研究问题，也不能代替我们阅读文献。那么它能够胜任的角色有哪些呢？

我们在第二章中提到，硕博论文的研究问题应具有以下几个特征：基于文献阅读、具有研究价值、可执行性、范围界定清晰、研究目的描述具体。从这个标准出发，让我们以"ChatGPT 在教育中的应用"为

例，一起分析几个例子。图 7-3 中，ChatGPT 针对有价值的研究问题，给出了六个方向，并且在每个方向上给出了几个具体的例子。只有具备了教育技术等相关领域的专业知识或者阅读了足够的文献后，才能够判断这些表面上正确合理的内容是不是真的足够准确和可靠。在这个例子中，ChatGPT 提供了具象化的研究方向，或者说是提供了一部分思维导图的思考结果，差不多达到了与导师或者专家初步交流的结果。尽管如此，需要指出的是，虽然这六个大问题与近两年的主要研究趋势基本相符，但并不是毫无遗漏的。例如，在教育领域的一大分支——教师教育中，有些问题就没有提到，如教师需要具备哪些基本技能和知识，才能有效地将 GenAI 融入教学实践；如何设计专业发展项目，使教师具备利用 GenAI 进行教学所需的必要能力等。同学们应该认识到，一旦完全接受了 ChatGPT 所提供的建议，接下来的思路就会局限在这六个方向中。只有跳出既定的思维框架（无论它来自 ChatGPT、书本、专家），才能让我们用开放的态度探索更多更好的研究方向。当然，我们也可以通过不断追问让 ChatGPT 进行拓展，来得到更全面的研究方向。但是无论如何，它只是在总结和提炼该领域已有的知识，而只有人类的独立思考，才能真正实现创新与突破。

顺着图 7-3 的例子继续推进、细化研究问题，如我们对第二点，即 GenAI 自动生成教学材料感兴趣，接下来与 ChatGPT 的交流见图 7-4。在 GenAI 用于自动生成教学材料的研究方向上，ChatGPT 提供了七个更具体的研究方向，相较于图 7-3 中的内容，距离最终的研究问题又近了一步。

> ChatGPT等生成式人工智能在教育领域的应用是当前教育研究的热点之一，在这个领域有哪些有价值的研究问题

🤖 在生成式人工智能（如ChatGPT）在教育领域的应用中，当前的研究热点主要围绕以下几个有价值的研究问题：

1. **生成式人工智能对学生学习效果的影响**
   - 探讨生成式AI在不同学科中的使用是否能够提高学生的学习效果。例如，生成式AI在写作、语言学习、数学解题等方面是否能提升学生的知识掌握和理解能力。

2. **生成式AI对教师教学方式的影响**
   - 研究生成式AI如何支持教学设计和资源开发，例如，用于自动生成教学材料、制定个性化学习路径、设计互动式课程内容等，以及这些应用如何改变传统教学的方式和教师的角色。

3. **生成式AI在学生反馈和评估中的应用**
   - 探讨生成式AI是否能提供更及时和个性化的反馈，如自动批改作业、评价写作能力或语言表达水平。此类AI生成的反馈是否对学生的学习有正向帮助，也是研究的重点。

4. **AI生成内容的可靠性和伦理问题**
   - 研究如何保证生成式AI输出内容的准确性和伦理性，特别是在涉及敏感信息、误导性内容或偏见的问题时。此外，探讨如何在教学中引导学生合理、负责任地使用生成式AI工具，以避免依赖或滥用。

5. **生成式AI在教育公平性和可访问性上的潜力**
   - 探索生成式AI是否可以提高教育的公平性，例如，帮助资源不足地区的学生获得更多学习支持或提供多语言学习资源。此外，研究AI工具在提高教育的可访问性方面（如对残障学生的支持）的潜力。

6. **生成式AI对学生批判性思维和创造力发展的影响**
   - 探讨学生在使用生成式AI后，是否会对独立思考和批判性思维产生依赖或削弱的倾向，或是否可以借助AI来激发创意、提升分析和解决问题的能力。

这些研究问题反映了生成式人工智能在教育领域的潜力和挑战，对理解AI在教育中的有效应用以及如何最大化其积极影响具有重要意义。

图 7-3 与 ChatGPT 就生成式人工智能在教育领域的研究热点的对话

进一步按照前文的标准，判断图 7-4 中七个方向的研究价值和可执行性。尽管这一过程中给出的信息基本可靠，但需要注意的是，这一领域的研究在最近两年随着 GenAI 的出现才开始发展，基本上在各个方向的实证研究都仍处在探索阶段，因此生成的内容看上去都比较有价值。如果换成

一个成熟的研究领域，我们就需要基于文献阅读来作出自己的判断了。此外，特别注意这七个方向局限在图3已经提出的内容、教学、伦理等六个研究方向上，并无向外延伸。如果继续追问，如"我对第三点'生成材料的多样性和创新性'感兴趣，有哪些值得研究的研究问题？"ChatGPT仍旧会给出形式类似，且在内容的具体化程度上逐渐变弱的回答。这不符合理想的研究问题应具有的可执行性好、范围界定清晰的特征。

在这种情况下，我们尝试换一种提问的方式，例如"我对第1点，自动生成材料的质量和适应性感兴趣，就这个方向提出2~3个具体的研究问题"，交流结果见图7-5。ChatGPT给出了三个更为具体的研究问题和问题描述。以第一个研究问题"生成式AI在不同学科领域中的内容准确性如何"为例，该研究问题主要探讨GenAI生成的教学内容在不同学科（如数学、历史、科学等）中的准确性。这本身是一个有价值的研究问题，但是问题本身存在可执行性低和描述不清晰的问题。首先，跨学科研究在硕博论文阶段开展较为困难，通常研究者只具备某一特定学科的背景知识。例如，科学课程与教学论的研究者通常只有科学学科的背景知识，而没有数学和历史的学科背景知识，因此需要几个研究者的合作才有可能实现。其次，问题描述和问题本身经常会出现不匹配的情况，如教育标准和学术规范是两码事，前者通常指向教育实践领域，而后者则指向教育研究领域。能够做出以上判断的基础是对研究问题有一定的了解，如什么是有价值的问题，什么是有价值但通过短期努力难以实现的问题等。除了参考本书的第二章，还需要通过多阅读积累足够的相关知识。

> 我对第二点，使用生成式人工智能自动生成教学材料感兴趣，在这个方向上有哪些值得研究的研究问题

在生成式人工智能（如ChatGPT）用于自动生成教学材料的方向上，有以下值得深入探讨的研究问题：

1. **自动生成材料的质量和适应性**
   - 研究生成式AI生成的教学材料的内容质量和适应性。例如，这些内容是否准确、与课程目标一致，并且适合不同学习者的水平。探讨如何评估和优化AI生成的内容，以确保其能够支持学生的学习目标，而不是过于简单或复杂。

2. **自动生成材料的个性化效果**
   - 探索生成式AI是否能根据学生的学习需求、进度和风格生成个性化的学习资源。值得研究的问题包括如何评估生成式AI在为不同学习者生成的材料方面的个性化效果，以及如何确保这些内容有助于学生的个体成长和知识掌握。

3. **生成材料的多样性和创新性**
   - 研究生成式AI能否生成多样化、创新性的教学内容，以满足不同学科的需求。例如，是否能够有效生成科学实验步骤、历史背景故事或数学推导过程等。探讨如何提升AI生成的内容的学科适配度，确保其不仅仅是基础知识的重复。

4. **生成式AI在教学材料中的伦理和偏见问题**
   - 探讨AI生成内容中可能存在的偏见或不当信息。例如，AI生成的材料是否可能带有文化、性别、种族等方面的偏见，如何监测和纠正这些偏见。研究如何设置生成材料的道德和伦理标准，以确保内容的公正性和适用性。

5. **教师和学生对AI生成内容的接受度与信任度**
   - 研究教师和学生对生成式AI生成的教学材料的接受度和信任度。了解教师在使用这些材料时的信心，学生对其内容质量的感知，以及是否会影响师生互动的质量。探讨如何提升对AI生成材料的信任和接受度，使其成为教学过程中的有效支持工具。

6. **生成式AI对教师教学设计的支持作用**
   - 探讨生成式AI生成的材料是否能够帮助教师进行更有效的教学设计，节省备课时间并提供更多创新资源。研究如何优化AI生成的教学材料的使用方式，使其能够辅助教师设计多样化和灵活的教学方案。

7. **AI生成教学材料对学生学习效果的影响**
   - 探讨AI生成的教学材料是否能有效提升学生的学习效果。这包括对学生的知识掌握、理解力、批判性思维和创新能力的影响。研究如何使用数据分析来量化AI生成材料的教育效果，找出其最佳应用场景和改进点。

这些研究问题可以帮助深入理解生成式AI在自动生成教学材料方面的潜力和挑战，从而推动更高效、可靠的教育科技应用。

图 7-4　与 ChatGPT 就研究热点展开进一步的对话

> 我对第1点，自动生成材料的质量和适应性感兴趣，就这个方向提出2~3个具体的研究问题

在研究生成式AI自动生成教学材料的质量和适应性方面，以下是几个具体的研究问题：

1. **生成式AI在不同学科领域中的内容准确性如何？**
   - 探讨生成式AI生成的教学内容在不同学科（如数学、历史、科学等）中的准确性。研究是否存在特定学科材料的生成效果更好，哪些学科材料的错误率较高，以及可能出现的知识偏差或误导性内容。这有助于理解AI生成内容在不同学科中的适用性和可信度。

2. **生成内容是否能够适应学生的不同认知水平？**
   - 分析生成式AI在为不同年级或学习水平的学生生成教学材料时的适应性。例如，研究AI是否能够根据学生的学习水平生成合适的内容（如更具挑战性的材料或简单入门材料），从而支持个性化学习和差异化教学。

3. **生成内容的语言和表达是否符合教育标准？**
   - 评估AI生成材料的语言是否简洁明了、符合教育标准和学术规范。研究生成内容的表达是否符合不同年龄段的理解力要求，并探讨如何进一步改进AI生成的文本，使其符合教育领域的专业需求。这项研究可以为改进生成式AI在教育中的语言适配度提供依据。

这些具体问题可以帮助教育研究者深入探讨生成式AI在教学内容自动生成中的实际应用质量，从而推动生成式AI在教育领域的优化和标准化。

图 7-5　与 ChatGPT 就提出更具体的研究问题的对话

当了解问题所在后，我们就可以针对这些问题，让ChatGPT做出进一步的修订，这里提示就会发挥重要的作用。在图 7-6 中，我们说明自己的身份（科学教育研二学生）与目的（毕业研究），ChatGPT 所扮演的角色（研究生导师），以及具体的需求（让研究问题更加准确和具体），于是生成了"生成式人工智能在科学教育内容生成中的学科准确性和知识可靠性如何？"这一主要研究问题，以及两个分问题——"生成式 AI 生成的科学内容是否符合当前科学教育的学术规范？""不同类型的科学知识（如概念性知识、实验步骤等）在生成内容中的准确性表现是否存在差异？"通过对这几个问题的描述可以发现，尽管它们在描述清晰和可操作性上仍旧存在不少问题，但相较图 7-5 中的内容，距离我们所预期的能够呈现在论文中的研究问题又更近了一步。

> 回到"生成式AI在不同学科领域中的内容准确性如何？"这一问题上，我的身份是科学教育专业研究生二年级的学生，我将以此为研究问题开展毕业研究，你将作为研究生导师，根据这一问题的描述，在问题本身的语言组织上做到更加具体和准确，以此为背景修改这一研究问题

记忆已更新

针对你的毕业研究主题，研究问题的表述可以更加明确聚焦在生成式AI的内容准确性上，特别是在科学学科的应用。一个更具体、准确的表述可能是：

"生成式人工智能在科学教育内容生成中的学科准确性和知识可靠性如何？"

这一问题明确指出了研究的学科领域（科学教育）和核心关注点（内容准确性和知识可靠性），并且涵盖了生成式AI在提供学科知识时的特定表现。研究的重点将包括分析生成式AI生成的科学教学材料是否符合教育内容的学术标准和科学的知识结构。这一问题可以进一步通过以下子问题展开：

1. 生成式AI生成的科学内容是否符合当前科学教育的学术标准？
   - 探讨AI生成的科学内容与科学教育领域已有教学标准和学科知识体系的契合程度。
2. 不同类型的科学知识（如概念性知识、实验步骤等）在生成内容中的准确性表现是否存在差异？
   - 分析AI在生成概念、原理、实验过程等不同类型的科学知识时的准确性表现，以了解其在不同知识类型中的可靠性。

这种表述方式将有助于形成更系统的研究方案，使研究问题具有更强的学术针对性和可操作性。

图 7-6 使用详细具体的提示与 ChatGPT 就提出研究问题的对话

图 7-6 中的指令涉及了上文提示工程的内容。在使用 ChatGPT 辅助学术研究和写作时，我们总结了一个通用的提示工程框架（见图 7-7），研究者可以清楚描述背景、角色、结果、目标与约束五个方面的内容来更有效地书写提示词。通过前面的例子不难发现，在这几个方面的描述越具体，ChatGPT 输出的结果就越接近我们的预期。

- 背景：此次生成任务相关的背景信息，*例如你的身份，现实的情况*
- 角色：ChatGPT的身份或所扮演的角色，*例如教师/学生、专家/新手*
- 结果：需要ChatGPT生成的具体内容，*例如生成对上述5篇文献中研究问题的简要总结*
- 目标：输出内容的目的或用途，*例如了解这5篇文献都关注了哪些研究问题*
- 约束：限制和指导原则，*如总结不超过150字*

图 7-7　生成式人工智能提示框架

接下来，我们使用这个模版，进一步优化研究问题，使之符合我们"范围界定清晰、研究目的描述具体"的两点要求。在图 7-8 中，新的提示包含了更多具体的背景信息、对预期结果的描述，以及指导原则，因此生成的研究问题较图 7-6 中更像是合格的研究问题。尽管如此，我们还是需要进一步让 ChatGPT 明确研究问题中的几个重要概念分别都代表什么意思，例如，教学内容是指什么，学生的认知理解又是什么。

> 回到"生成式人工智能在小学高年级科学教学内容生成中的学科准确性和适用性表现如何"这一研究主题。作为科学教育专业的二年级研究生，我将在小学高年级实习3个月，期间收集教师和学生的数据反馈。请作为我的研究生导师，将这一主题分解为两个逐步深入、由浅入深的研究问题，重点关注生成内容在科学教学中的实际应用、知识可靠性、以及是否符合学生的学习需求。请确保问题表述准确、范围适合3个月的数据收集和分析，并涵盖生成式人工智能在科学教育中应用的潜在创新性。

根据你提供的输入内容，这里是两个逐步深入的研究问题：

1. **生成式人工智能生成的小学高年级科学教学内容在学科知识准确性方面表现如何？**
   - 这个问题关注AI生成内容是否符合小学科学课程标准，是否存在科学性错误，以及这些内容在课堂上的实际应用效果。

2. **生成式人工智能生成的科学教学内容如何支持高年级学生的学习需求和认知理解？**
   - 该问题探讨生成内容在满足高年级学生学习需求方面的有效性，包括其趣味性、相关性和对学生学习过程的支持。

这两个问题结合了你研究主题的关键点，确保了研究的深度和实际应用性，适合在三个月内进行数据收集与分析。请告诉我这些问题是否符合你的期望，或者你希望进一步调整哪些方面。

图 7-8　使用更为详细具体的提示与 ChatGPT 就提出研究问题的对话

图 7-9 的对比呈现了 ChatGPT 对于研究问题中的重要概念的初始解释和经过反馈修改后的解释。基于右修改后的解释，以上两个研究问题看上去可以做下去了。因为篇幅限制，我们不再继续修改这两个研究问题。即便如此，目前的研究问题大概也达到了研究生毕业论文的平均水平。

在本节使用 ChatGPT 探索研究问题时，我们发现，提示工程可以一定程度提升输出的质量，但哪怕是再有经验的 GenAI 使用者，也不可能通过几次简单的交流就得到符合预期的研究问题，学科和研究背景知识的重要性，在评判研究问题和提出修改建议上，发挥着至关重要的作用。ChatGPT 能够生成的研究问题，无论经过多少次修改，在创新性与实践性方面也不尽理想。这是因为它没有科学探索的真实经验和创新的能力。因此，回到第一章中定义研究问题的过程，在 ChatGPT 出现之前，导师和领域专家的优势在于丰富的学科领域知识和研究实践经验、清楚研究空白在哪里。这些优势可以帮助学生在研究空白的基础上，提炼出适切的研究问题；在 ChatGPT 走向成熟之后，总结过去研究和呈现研究空白的功能，ChatGPT 在这方面能够很好地胜任，甚至做得也更加出色。但是由于本身的局限性，它无法完成从空白到问题的关键一步，即从无到有的过程。与此同时，它也无法提出真正可以践行的研究问题（可以对比高质量文献中的研究问题），而这两点仍旧需要在导师或专家的指导下完成。

> 请对问题中的科学教学内容、学科知识准确性、学习需求、和认知理解四个重要的概念在本研究的范围内，做出清晰准确的定义和解释。

以下是针对"生成式人工智能在小学高年级科学教学内容生成中的学科准确性和适用性表现如何"这一研究主题的四个重要概念的清晰定义和解释，特别关注其在本研究范围内的意义：

1. 科学教学内容：

- **定义**：在本研究中，科学教学内容特指针对小学高年级学生所设计的、由生成式人工智能生成的科学教学材料。这些内容包括科学概念、知识点、实验活动、案例分析以及辅助学习的工具（如互动练习或视频）。
- **解释**：这些内容的目标是帮助学生理解科学原理，并通过实践活动促进他们的科学素养。由于研究对象是高年级学生，内容必须与其年龄和认知能力相适应，同时应符合国家或地区的科学课程标准。

2. 学科知识准确性：

- **定义**：学科知识准确性在本研究中指生成式人工智能生成的科学教学内容所包含的信息是否符合科学事实和理论，包括对科学概念的正确表述及其在课堂教学中的有效性。
- **解释**：确保学科知识的准确性至关重要，因为错误的科学知识可能导致学生形成错误的理解和思维模式。本研究将评估生成内容在知识准确性上的表现，确保其对教学的有效支持。

3. 学习需求：

- **定义**：在本研究中，学习需求是指小学高年级学生在学习科学过程中所需要的知识、技能和支持。这些需求可能包括对科学概念的兴趣、探索精神、以及在理解和应用科学知识时所需的具体指导。
- **解释**：识别和理解学生的学习需求有助于教育者调整生成式人工智能生成内容的适用性和有效性。研究将探讨生成内容是否满足学生的个性化学习需求，以及如何支持他们的学习动机和参与感。

4. 认知理解：

- **定义**：在本研究范围内，认知理解是指学生对生成式人工智能生成的科学教学内容的理解程度，包括他们在学习新知识时的加工能力，以及将所学知识应用于实际问题解决的能力。
- **解释**：认知理解的深度会影响学生的学习效果和科学素养。本研究将分析学生在接收和消化AI生成内容时的认知表现，评估生成内容是否有效促进了学生对科学概念的掌握和应用能力。

这些定义和解释为本研究提供了清晰的理论框架，有助于准确评估生成式人工智能在小学高年级科学教学中的应用效果。请告诉我是否需要进一步修改或补充！

> 考虑到可以在规定时间内完成这一研究，对这些概念的定义要尽可能窄一些

好的，以下是针对"生成式人工智能在小学高年级科学教学内容生成中的学科准确性和适用性表现如何"这一研究主题的四个重要概念的简明且狭窄的定义和解释：

1. 科学教学内容：
- 定义：特指由生成式人工智能生成的、适用于小学高年级的科学课程材料，包括教材、实验指导、问题集等。
- 解释：这些内容应符合小学科学课程标准，旨在帮助学生掌握基础科学知识和技能。

2. 学科知识准确性：
- 定义：指生成内容中所包含的科学知识是否与公认的科学事实和理论一致。
- 解释：准确性评估将集中在是否存在科学性错误或不一致之处，确保学生接收到的信息是正确的。

3. 学习需求：
- 定义：指小学高年级学生在学习科学时所需的知识支持和学习资源。
- 解释：学习需求包括对概念的兴趣和在理解内容时所需的帮助，确保生成的内容能够吸引学生并适应他们的学习方式。

4. 认知理解：
- 定义：指学生对生成内容的理解程度及其在解决科学问题时的应用能力。
- 解释：认知理解评估将关注学生如何处理和运用所学知识，以判断生成内容是否有效促进了他们的科学理解。

这些定义和解释更为简洁，确保在三个月的研究范围内能够高效实施和评估。请告诉我是否需要进一步调整！

图 7-9 对 ChatGPT 给出的结果进一步追问提出研究问题的对话

（三）总结和整理文献（回顾第三章文献综述及如何阅读和总结研究文献）

在渐进式提出研究问题的过程中，ChatGPT 主要起到了拓展思路，呈现问题具化流程和修改过程等功能。接下来，本节将回顾本书的第三章，

145

有关文献阅读总结和书写文献综述的内容，以及 ChatGPT 在这一过程中所发挥的作用。

ChatGPT 不能直接搜索学术数据库，但可以通过提供关键词、关键词关系及推荐数据库等方式协助文献检索。文献准备好之后，我们依托文献信息记录表（表 3-1），使用 ChatGPT 批量处理、总结文献，并最终形成完整的文献信息记录表。这一过程中要求使用者对实证研究文献的结构和每一部分的主要内容有深刻的理解。例如，相比笼统地下令"阅读这 40 篇文献，并写出总结"，按照不同的论文组成部分，分步让 ChatGPT 提取相应信息才会得到更精确的结果。例如，可以在下达指令时，把研究方法部分分解为样本信息、数据收集和数据分析方式，分别总结。与 ChatGPT 具体的交流反馈可以参考前文中的原则和例子，这里不再赘述。需要注意的一点是，在输出文献检索和文献信息表内容的过程中，研究者是占主导地位的，这包括给 ChatGPT 提供初始关键词或者对关键词的大致描述，验证 ChatGPT 输出的关键词列表、关系和数据库等，以及最重要的，让 ChatGPT 提供摘录信息的原文出处，以方便使用者检查信息提取是否准确。这又一次印证了使用者自身对学术文献理解程度的重要性，即无需阅读全文，也可以从全文的结构和 ChatGPT 提供的片段中判断信息的准确性。

有了准确无误的文献信息记录表之后，就可以参考第三章中图 3-2 文献信息记录表使用图，对文献信息进行下一步加工。在综述写作时，需要 ChatGPT 着重总结引言（研究问题）、研究方法（样本、数据收集和分析方式），以及讨论部分中的结果总结或者对研究问题的回答。在给 ChatGPT 发布任务的初期，建议使用者参考第三章中的练习过程，让 ChatGPT 也分步完成总结任务，并保留每一步的结果。这样做有两个好处：一是目标更加具体明确，降低ChatGPT出现错误的概率，也方便使用者在每一小步进行结果评估和及时调整；二是保存了每一步任务的结果，为其他接下来可能的任务准备好素材。参考图7-10中对文献信息提取表研究方法列进行提取的例子。在第三章中，使用者需要对表中每一列的信息分别进行提取和总结，拼出完整文献总结全貌，并尝试从每一部分中发现研究空白。当我们清楚了这一原理和流程后，就可以将上述任务交给ChatGPT来完成。第一步同样是列举每一列中，每一部分的主要信息，然后对它们进行总结，并尝试指出研究空白。这样做的好处仍然是评估每一小步的准确性并及时调整，来确保最终的文献总结结果的准确性和可靠性。参考图7-10中的关于研究样本的总结和可能的研究空白。总体而言，ChatGPT的这一任务完成得还是不错的。当然，仍需我们根据总结的内容进行调整。例如，给没有学校类型的地方标记为信息缺失，对指出的研究空白也根据自己的研究问题做出调整；少数民族学生样本较少，只有在自己的研究中包含少数民族学生样本的时候才会提及。这些细节上的修改和调整会因研究者和研究而异。并且由于篇幅所限，我们只简单列举了九篇文献的例子。但可以看出，按照这个步骤，将研究问题、研究方法和结果讨论三列的信息逐一总结并合成后，就能形成文献综述的雏形。这是ChatGPT结合文献信息记录表的第一种用法。

> 仅提取上面文档中 9 篇文章的研究样本信息，并按文章分条列出，不提供文章标题

以下是每篇文章的研究样本信息：
1. 研究样本：212 名高一和高二学生
   - 班级容量：50、53(高一)，55、53(高二)
   - 学校所在地：贵阳
   - 学校类型：公立
2. 研究样本：118 名高一学生
   - 班级容量：59、59
   - 学校所在地：河北石家庄
   - 学校类型：公立
3. 研究样本：样本数量未提供，8 年级学生
4. 研究样本：42 名 8 年级学生
   - 班级容量：42
   - 学校所在地：浙江金华
   - 学校类型：公立
5. 研究样本：526 名高二学生
   - 班级容量：大班 73，小班 62
   - 学校所在地：江苏省泰州
6. 研究样本：191 名高一学生
   - 班级容量：小班 95，大班 96
   - 学校所在地：福建漳州
7. 研究样本：111 名高一学生
   - 班级容量：54、57
   - 学校所在地：江西宜春
8. 研究样本：69 名高一学生
   - 班级容量：23
   - 学校所在地：浙江杭州
9. 研究样本：50 名 6 年级学生
   - 班级容量：50
   - 学校所在地：山东济宁

> 使用三句话总结上述研究样本的信息，然后就研究样本方面指出可能的研究空白

总结来看，这些研究样本主要集中在高一、高二学生群体，少量涉及初中和小学学生，且多数来自公立学校和特定城市（如贵阳、石家庄、泰州等）。抽样方法多为便利抽样，样本量大小不一，从 42 人至 526 人不等。研究聚焦于特定地区，未广泛覆盖多样化的城市和农村学校类型，也较少探索少数民族学生群体。

研究空白可能存在于对更广泛年级（如大学）及农村学校、私立学校的学生群体的研究缺乏。此外，少数民族学生群体的样本也较少，未来研究可增加该群体样本，以确保结果的多样性与广泛适用性。

图 7-10 与 ChatGPT 就描述每篇研究的样本情况和对应的研究空白的对话

对文献信息记录表的使用还包含研究学习的部分。在第三章中，使用者需要自己根据学习需求，从信息表回到原文献的指定位置进行学习，如反向检索相关文献或学习统计结果的规范呈现。ChatGPT 的辅助将这一学习变得更加快捷方便。例如，在学习统计结果的呈现规范时，给出指令"呈现文献中回归分析的统计结果表，给出 APA 手册中对于表格的格式要求，根据文献中回归分析的统计结果表进行解释"，使用者就可以参照文献中的例子来学习 APA 格式下的表格呈现规范。这是 ChatGPT 结合文献信息记录表的第二种用法。

得益于 ChatGPT 等 GenAI 工具，文献综述的相关任务效率可以大幅提升。聪明的同学可能已经想到，将上面使用 ChatGPT 辅助文献综述写作的步骤和指令梳理清楚，规划每一步的产出，并将其反复调整至满足我们的预期，再将它们一起打包，就形成了文献综述特定版 ChatGPT 的接口。在后续的任务里，我们只需要将文献打包给 ChatGPT，它就能自动生成每个步骤的内容。我们的角色可能更像是流水线上的质检员，检查每一步的产出质量，直到最终产出文献综述的雏形。在文献综述阶段，与 ChatGPT 的协作更深刻地反映出，使用者对于文献阅读和学术写作的理解程度，以及对 ChatGPT 熟练程度的重要性。与此同时，之所以将生成的文献综述称作雏形，是因为研究者还需要在其基础上继续加工，加强逻辑以及和自身研究的联系等。

（四）制定和实施研究计划（回顾第四章 研究方法及计划与实施研究）

回顾第四章，我们发现 ChatGPT 可以起到的作用主要有以下几点：①探索研究方法和提出研究计划；②根据数据收集和分析的原始资料形成研究方法部分的草稿；③辅助数据分析。①和②的操作分别与（二）、（三）节

类似，如果同学们能够熟练使用ChatGPT完成前文中的渐进式提出研究问题和总结文献的话，对于研究方法部分的人机协作也应该会感到得心应手。研究方法相关知识的甄别（见第四章），在范围和难度上要小于研究问题的界定；在加工原始资料（如数据收集和分析的相关信息）形成文字这方面，研究方法部分也较文献综述更为简单，因此不再赘述。本节着重讨论ChatGPT在数据分析方面，有着和之前两种协作方式不太一样的功能，即辅助统计分析（针对量化数据）和质性内容分析（针对质性数据）。

在统计分析方面，ChatGPT-4o集成了Python的开源统计分析功能。也就是说，过去使用Python进行的数据分析，现在ChatGPT都可以完成，而且是通过语言交流的形式，而非写代码的传统模式。以表7-3中的10组简单数据为例，先把数据复制到ChatGPT，数量较大的数据，可以以文件的形式上传。图7-11呈现了使用ChatGPT进行简单的描述性统计分析。把统计知识融入指令可以生成更好的结果，否则ChatGPT会把结果按照变量逐条列出，既不方便阅读，也不符合数据结果的呈现规范。如果对描述性统计结果还有其他需求，如呈现中位数等，可以反馈给ChatGPT进行调整。

表7-3 用于分析的模拟数据

学生序号	性别	年级	授课方式	科学成绩	数学成绩
1	男	5	探究式教学	88	86
2	女	6	传统教学	75	81
3	女	5	探究式教学	93	98
4	女	5	传统教学	90	89
5	男	6	传统教学	77	80
6	女	6	传统教学	86	83
7	男	6	探究式教学	91	89

续表

学生序号	性别	年级	授课方式	科学成绩	数学成绩
8	女	5	探究式教学	90	90
9	男	6	探究式教学	89	90
10	男	5	传统教学	68	72

以表格的形式呈现两类变量的描述性统计结果

以下是两类变量（分类变量和连续变量）的描述性统计结果以表格形式呈现。

1. 分类变量描述性统计结果

分类变量（性别、年级、授课方式）统计结果

变量	类别	学生数量
性别	男	5
	女	5
年级	5年级	5
	6年级	5
授课方式	探究式教学	5
	传统教学	5

2. 连续变量描述性统计结果

连续变量（科学成绩、数学成绩）统计结果

变量	科学成绩	数学成绩
计数	10	10
均值	83.6	84.8
标准差	8.23	6.62
最小值	68	72
25%分位数	76.25	80.25
中位数	88.5	86.5
75%分位数	90.75	89
最大值	93	98

结果总结

- **分类变量表**展示了性别、年级和授课方式的分布情况。
- **连续变量表**提供了科学成绩和数学成绩的描述性统计信息。

我想知道学生科学成绩和数学成绩的相关性

学生的科学成绩和数学成绩之间的皮尔逊相关系数为约0.93，且p值为0.0001。这表明科学成绩和数学成绩之间有很强的正相关性，且这种相关性具有统计显著性。

图7-11 ChatGPT提供的简单的描述性统计和相关性分析结果

ChatGPT和传统的统计分析相比，具有更多样化的功能，如对所选统计分析方法的介绍、原理的解释，和对结果的解释等。对于常见的统计分析方法所生成的内容，如方差分析和回归分析等，具有较高的准确性，如图7-11中学生科学成绩与数学成绩的相关性分析经过研究者检验就是准确的。但对于相对复杂一些的统计分析方法，如结构方程模型和多元线性模型等，准确性会有所下降。尽管如此，只要使用者具备足够的统计分析知识和认真负责的态度，就能够发现错误，不断提示ChatGPT生成准确的统计结果。

在质性内容分析方面，ChatGPT等大语言模型可以看作使用传统自然语言处理进行文本分析的延伸，主要功能也延续了自然语言处理（质性内容分析）的两个类别，即分类（理论框架指导下的信息编码）和生成（开放式信息编码）。上文中让ChatGPT使用文献信息记录表，进行文献阅读和信息提取的过程，就可以看作分类功能的体现。有趣的是，有研究表明，ChatGPT在开放式编码和后续解释方面的表现要好于它的分类功能。[1]在ChatGPT出现之前，研究者们通常使用其他自然语言处理的工具对内容进行自动分析。例如，有学者使用自然语言处理，分析了美国得克萨斯州

---

[1] ZIEMS C, HELD W, SHAIKH O, et al. Can Large Language Models Transform Computational Social Science? [J]. Computational Linguistics, 2024, 50（1）: 237-291.

历史教材中对性别、种族和族群的呈现。[1]通过对教材中每一句话的语义分析（如区分词性、确定修饰关系等），研究者有了不少有趣的发现。例如，历史教材在呈现男性历史人物时，内容主要集中在他们所获得的成就上；而在呈现女性人物时，内容则主要集中在家庭与工作方面。我们可以把传统的自然语言处理工具看作一台电脑的各个硬件，需要先挑选合适的硬件将它们组装起来，并通过不断调试，才能顺利工作并完成任务；而ChatGPT等GenAI则是组装和调试好的一台高性能电脑，开机就可以用。因此，了解以往应用自然语言处理技术进行质性内容分析的研究，有助于更好地给ChatGPT下达内容分析的提示。更多有关开放式编码的质性内容分析提示，可以参考Ziems等人的研究。[2]使用者只有具备了足够的质性内容分析的知识，才能写出更有效的提示和反馈，不断提高分析结果的质量。

（五）呈现研究结果（回顾第五章 研究结果和研究发现了什么）与讨论研究结果（回顾第六章 研究结果讨论）

本书的第五章主要介绍了在ChatGPT出现之前，对于研究结果的记录保存与整理，其中包括大量需要在研究实施期间完成的任务。例如，实地记录，仍然需要靠研究者自己来做。ChatGPT的工作始于研究信息保存与整理，并在接下来对这些信息进行前文所述的分析，并将结果规范地呈现出来。研究者只有清楚地知道相关结果的呈现规范和文字、表格和图片的

---

[1] LUCY L, DEMSZKY D, BROMLEY P, et al. Content Analysis of Textbooks Via Natural Language Processing: Findings on Gender, Race, and Ethnicity in Texas US History Textbooks [J]. AERA Open, 2020, 6（3）: 1-27.

[2] ZIEMS C, HELD W, SHAIKH O, et al. Can Large Language Models Transform Computational Social Science? [J]. Computational Linguistics, 2024, 50（1）: 237-291.

格式，这样才能在ChatGPT输出结果的时候给予准确的引导。

正如本书第六章所述，当文献综述与研究结果都完成之后，结果讨论就是水到渠成的事情了。讨论部分的主要内容就是对比以往研究发现与本研究的发现，ChatGPT能够很好地辅助使用者进行对比、分类，即列举一致的发现与不一致的发现，并提出可能的解释。同样，ChatGPT输出内容的质量高低也取决于使用者对这一部分内容的熟悉程度。

（六）编辑与修改论文

在实际的学术写作中，论文写作是不断修改完善的过程。列提纲、写作、修订、编辑并没有清晰的界限和固定的步骤，这些写作动作是学者把内在思维转化成语言形式的必经阶段："清楚考虑如何把话说清楚，怎么才能让读者（答辩委员会或者学术同行）理解我的观点"，这与想清楚"我想要写什么"同等重要。为了讨论的方便，本节假设了一个编辑和修订论文的起点：当论文初见雏形，各章节内容大致确定的情况下，我们可以讨论如何使用ChatGPT来进一步提高论文的质量。在实际操作中，写作和修订经常是交织在一起的，同学们并不需要完成论文全文才开始从头修订编辑。

ChatGPT作为学术写作助手的功能丰富，在微观层面，它可以转写（paraphrase）、翻译和总结等；在宏观层面，可以生成摘要和关键词，以及标题、调整论文格式等。由于篇幅所限，本书不能全部展开。我们鼓励同学们查阅相关文献，探索GenAI在编辑修订论文中的创新性应用。

论文除了是一篇学术报告，应有其学术价值之外，更是一类不同于日常写作的特殊文体。无论学科，一篇高质量的论文应该结构清楚、重点突出、言而有据、逻辑通顺、清晰简洁、用语规范。语言文字质量和学术价值同等重要。在作者过去阅读和评判学生毕业论文时发现，同学们感到困难却无从下手的问题是如何提高论文的语言文字质量。因此，本节就以提高论文的语言文字质量为例，结合真实的写作案例，探索使用 ChatGPT 编辑修订论文时的提示词书写方法及其应用。

针对写作过程中经常会出现当局者迷，很难发现自己的错误这一现象，ChatGPT 可以从读者的角度出发，帮我们发现写作中的问题，并提出修改意见。针对这个情况，根据本章第 2 节的提示词撰写原则，及图 7-7 所示的提示词框架可以创作这样一个提示词。

图 7-12 的提示词中给出了详细的背景信息介绍，如研究者的专业、论文的主题及需要修改的部分，在原文所处的位置提供了 ChatGPT 在文体、语言水平、研究领域的限制条件，可以提高输出的相关性，说明要修改的部分在原文的位置是因为学术论文具有高度结构化的特点，每一个部分该写什么，在全文中起什么作用都是相对固定的。而要求 ChatGPT 从读者的角度分析，有助于取得更客观和更全面的反馈。

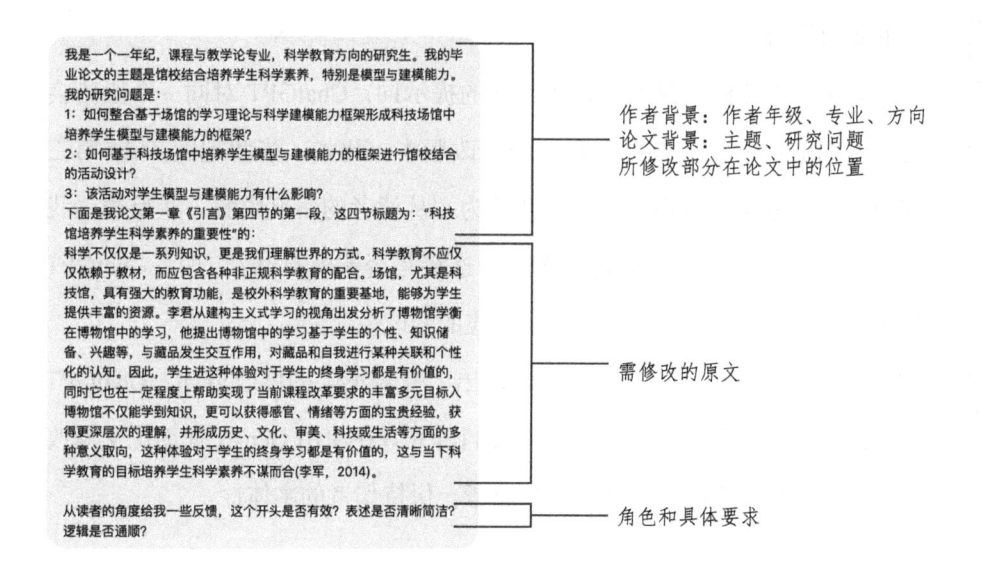

我是一个一年纪，课程与教学论专业，科学教育方向的研究生。我的毕业论文的主题是馆校结合培养学生科学素养，特别是模型与建模能力。我的研究问题是： 1：如何整合基于场馆的学习理论与科学建模能力框架形成科技场馆中培养学生模型与建模能力的框架？ 2：如何基于科技场馆中培养学生模型与建模能力的框架进行馆校结合的活动设计？ 3：该活动对学生模型与建模能力有什么影响？ 下面是我论文第一章《引言》第四节的第一段，这四节标题为："科技馆培养学生科学素养的重要性"的：	作者背景：作者年级、专业、方向 论文背景：主题、研究问题 所修改部分在论文中的位置
科学不仅仅是一系列知识，更是我们理解世界的方式。科学教育不应仅仅依赖于教材，而应包含各种非正规科学教育的配合。场馆，尤其是科技馆，具有强大的教育功能，是校外科学教育的重要基地，能够为学生提供丰富的资源。李君从建构主义式学习的视角出发分析了博物馆学衡在博物馆中的学习，他提出博物馆中的学习基于学生的个性、知识储备、兴趣等，与藏品发生交互作用，对藏品和自我进行某种关联和个性化的认知。因此，学生进这种体验对于学生的终身学习都是有价值的，同时它也在一定程度上帮助实现了当前课程改革要求的丰富多元目标入博物馆不仅能学到知识，更可以获得感官、情绪等方面的宝贵经验，获得更深层次的理解，并形成历史、文化、审美、科技或生活等方面的多种意义取向，这种体验对于学生的终身学习都是有价值的，这与当下科学教育的目标培养学生科学素养不谋而合(李军, 2014)。	需修改的原文
从读者的角度给我一些反馈，这个开头是否有效？表述是否清晰简洁？逻辑是否通顺？	角色和具体要求

155

图 7-12　基于提示框架的详细提示词及其功能

比起单纯粗暴地把论文发给 GenAI，让它直接输出一个新版本，我们推荐"反馈—修改"这种做法，即要求 GenAI 先找出问题，再根据发现的问题有针对性地做出修改。这样做从提示工程的角度来说，有利于把复杂的任务分解，逐步完成，达到最佳的修改效果。在修订的过程中，加入"提出反馈"这一步骤还有另外的好处。ChatGPT 可以是一个写作伙伴。它虽然提出了文章的优缺点，但是写作的主导权仍在研究者手中，先找出问题使我们有机会思考并行使写作的主导权。比如，ChatGPT 提出的某点建议是否符合我的写作意图？如果不符合，那就不必修改；如果符合，下一步的修改又可以如何进行？先反馈再修改这一模式，使读者可以更好地把控后续的修改方向。

图 7-13 中 ChatGPT 发现了三个问题：缺乏主旨句，导致重点（科技场馆与科学素养）模糊；作为开头段落篇幅过长，以及语言啰唆，表述重复。修改后的段落的确开宗明义、语言简洁有效，且很好地发挥了开头引起下文的作用。

对于不同的修改目的，使用不同的提示词，ChatGPT 对同一个段落会给出不同的反馈，最终得到不同的修改版本。比如，当我把图 7-14 第三部分的"角色和具体要求"这里调整为"从读者的角度给我一些反馈，我的逻辑是否通顺？句子和句子之间的连接是否清晰自然？"时，ChatGPT 给出了不同的三点反馈，并做出了相应的修改。

图 7-13 和图 7-14 的对比可以看出，针对不同的修改方向，ChatGPT 可以做出不同的文本修订。这提醒我们研究者在使用 GenAI 辅助论文修改时，应明确修改方向，保持批判性思考，保持作者的主体性。

> 记忆已更新
>
> 这个开头有效地传达了科学教育的广泛意义，并强调了科技馆作为场馆学习的独特价值。然而，从读者的角度来看，有几个地方可以进一步优化，以提高表达的清晰性和逻辑连贯性：
>
> 1. **开篇引导**：可以简化开头关于"科学不仅仅是一系列知识，更是我们理解世界的方式"这句，以更简洁的方式引出科技馆在科学教育中的独特作用。比如："科学教育不限于知识的传授，而是帮助学生理解和探索世界的途径。"
>
> 2. **段落结构**：李君的研究和建构主义学习的部分比较详尽，但可能不需要在引言的开头处如此展开。可以简要概括其主要观点，凸显学生与藏品互动带来的独特学习体验，再深入展开科技馆如何促进学生的科学素养。
>
> 3. **避免重复**：末尾对博物馆带来多层次体验的描述中，关于"终身学习价值"表述重复，可以合并或简化。此外，"科学素养"是主题，句尾可以直接用一句话总结科技馆对科学素养培养的作用。
>
> 例如，修改如下：
>
> > 科学教育不限于课本知识，还包括丰富的非正式教育资源。科技馆作为重要的校外科学教育基地，通过丰富的藏品和多样化的互动，为学生提供了独特的学习体验，有助于他们在终身学习中形成深刻的科学素养（李军，2014）。
>
> 这样表达更为简洁且层次分明，希望能帮助您完善引言的开头！

图 7-13　ChatGPT 根据原文内容给出的段落修改建议

图中这两个版本都较原版有改进，可供挑选。但两个修改版本都仍存在问题，图 7-13 的修改过度压缩了李军的观点，甚至删除了学习者的感官和情感体验，削弱了"科技场馆促进终身学习和提高科学素养"这一论断的说服力。图 7-14 中的修改出现了关键词（"科技馆"和"博物馆"）混用，导致逻辑混乱的问题。更有甚者，原文中的"李君"和"李军"其实是同一学者，其实是论文作者打错了字。这种人类一眼就能发现的错误，ChatGPT 就在两次修改中都没有发现。这提醒着我们：ChatGPT 没有真正的思考能力，也不具备相关的学科知识。它只能根据数据分析推算生成看似通顺的，符合语法规则和语用习惯的段落而已。

> 记忆已更新

你的段落逻辑上非常连贯，能够有效地传达出科技馆在培养学生科学素养方面的重要性。以下是一些具体的反馈和建议：

1. **逻辑通顺性：**
   - 你从科学教育的定义切入，阐述科学不仅是知识的集合，还关系到我们理解世界的方式，这一观点引导读者理解科学教育的广泛意义。接下来引入科技馆的教育功能，为后续论证奠定基础。

2. **句子连接：**
   - 你提到"李君从建构主义式学习的视角出发分析了博物馆衡在博物馆中的学习"，这句话的引入有助于强化你所提出的观点。然而，你可以考虑更清楚地表明李君的分析与科技馆在科学教育中的作用之间的联系。例如，可以增加一句过渡语，说明李君的观点如何支持你的论点。

3. **语句清晰性：**
   - 整体上，句子结构相对复杂，信息量较大。你可以考虑将某些长句拆分，以提高可读性。例如，"这种体验对于学生的终身学习都是有价值的，同时它也在一定程度上帮助实现了当前课程改革要求的丰富多元目标"可以拆分成两个独立的句子，以便读者更容易理解每个观点。

4. **引文的整合：**
   - 引用李军的观点时，你可以稍微简化并更明确地将其与整体论述联系起来。例如，引用后可以加一句总结性的陈述，强调博物馆学习的多维性如何直接促进科学素养的培养。

整体而言，段落内容丰富且有深度，清晰地展示了科技馆在学生科学素养发展中的重要角色。适度地简化和增强句子之间的连接会使读者的理解更加顺畅。

> 根据这些建议帮我修改这一段

当然可以！以下是根据你的段落和我的建议进行修改的版本：

科学不仅仅是一系列知识，更是我们理解世界的方式。科学教育不应仅仅依赖于教材，还应结合各种非正式的科学教育形式。场馆，尤其是科技馆，具有强大的教育功能，是校外科学教育的重要基地，为学生提供了丰富的资源。李君从建构主义学习的视角分析了博物馆中的学习，他提出博物馆的学习基于学生的个性、知识储备和兴趣，强调了学生与藏品之间的互动，以及这种互动如何促使学生进行个性化的认知。这种体验不仅对学生的终身学习至关重要，还在一定程度上帮助实现了当前课程改革所要求的丰富多元目标。此外，进入博物馆不仅能让学生获得知识，还能带来感官和情感方面的宝贵经验，促使他们获得更深层次的理解，并在历史、文化、审美、科技和生活等多方面形成多元意义。这种综合体验与当下科学教育目标中培养学生科学素养的要求高度契合（李军，2014）。

图 7-14 与 ChatGPT 就进一步修改段落进行的对话

和前文反复强调的一样，使用 GenAI 来修改编辑学术写作，要求使用者本身具有较强的学术写作技能和专业知识。只有作者清楚自己学科中学术写作的标准和规范，才能判断论文写作的好坏，发现论文中的问题，并做出相应修改；在使用 GenAI 辅助的时候，才能写出更好的提示词，评判输出的质量，不断调整以修改完善论文的文字质量。

图 7-15 是我们开发的一段提示词，同学们只需将它输入 GenAI 中进行使用，让它成为我们学术写作修改编辑的助手。在使用这些提示时，请记住以下几点：

> 你是一位经验丰富且富有启发性的写作导师，专门通过提问和提供实用的编辑建议，帮助社会科学领域的研究生修改论文。最终目标是提升以下五个方面：清晰简洁、用语正式、连贯性和逻辑流畅、重点明确和论证力。首先，作为学生的 AI 导师，向他们介绍自己，并表示很乐意解答他们的任何学术写作问题。每次只问一个问题。
>
> 首先，询问他们论文的研究主题和研究问题。等待回答后，再问他们的研究领域：他们的专业是教育学，还是社会学还是什么？等待回复。
>
> 根据获得的信息，帮助学生识别论文中需要改进之处。请他们决定并告知想要优先修改的部分（如整章引言、文献综述、研究方法、结果、讨论与结论，或其中一章的某部分）。等待回答。然后询问学生对该部分的主要关注点是什么。等待回复。
>
> 你的回应应根据学生的学习程度、论文主题和具体学科量身定制，并采用开放式引导方式。不要立即提供解决方案，而是通过引导性问题帮助学生发现薄弱之处和改进方法。

图 7-15 使用 ChatGPT 进行论文文字编辑与修改的提示词

（1）GenAI 生成的内容并不总是正确的。这些提示只是起点，你才是研究者，掌握写作和研究的主导权。

（2）你最了解自己的写作需求，可以在查看 GenAI 的输出后自行决定是否采用，如何采用。

（3）这些提示仅供参考。可以随意修改提示并告知 GenAI 你的具体需求。

（4）在使用前，了解所在机构和专业导师关于使用人工智能的相关规定，并积极遵守。

回到本章开头提出的第三个问题"如何高效使用 GenAI 辅助社会科学研究和论文写作？"，我想各位读者心里已经有了答案。

---------- **本章要点** ----------

1. GenAI 是一种能根据提示生成文本等内容的人工智能，但其生成的内容并非原创，且可能存在虚假信息。

2. 提示工程是通过设计和优化输入指令，以获得更好的生成式 AI 输出结果的技术。有效书写提示词的关键：选择合适的关键词、提供上下文信息、举例子、调整指令等。

3. 研究表明，在学术研究中使用生成式 GenAI 辅助具有潜力，但同时也会带来一些挑战，如自动化偏见和对 GenAI 的过度依赖。研究者需要根据自身的研究需求和对 GenAI 的熟悉程度，合理地将 GenAI 融入研究过程中，以达到更好的效果。

4. GenAI 的相关使用政策和规范尚待建立和完善。在使用 GenAI 作为辅助工具时需要注意学术诚信，并积极了解和遵守相关规定。

5. GenAI 的出现为学术研究带来了新的机遇，但也提出了新的挑战。研究者和教育工作者需要共同努力，探索如何合理利用 GenAI，以确保学术研究的质量和诚信。

6. 结合本书前六章的内容，使用 ChatGPT 可以用来辅助理解实证研究的基本范式，渐进式地提出研究问题，总结和整理文献，制订研究计划，呈现研究结果和修改编辑论文。